Adolf Bieler
Brasilien

SE**V**ERUS

Bieler, Adolf: Brasilien
Hamburg, SEVERUS Verlag 2013
Nachdruck der Originalausgabe von 1920

ISBN: 978-3-86347-522-2
Druck: SEVERUS Verlag, Hamburg, 2013

Der SEVERUS Verlag ist ein Imprint der Diplomica Verlag
GmbH.

**Bibliografische Information der Deutschen
Nationalbibliothek:**
Die Deutsche Nationalbibliothek verzeichnet diese
Publikation in der Deutschen Nationalbibliografie; detaillierte
bibliografische Daten sind im Internet über http://dnb.d-
nb.de abrufbar.

© **SEVERUS Verlag**
http://www.severus-verlag.de, Hamburg 2013
Printed in Germany
Alle Rechte vorbehalten.

Der SEVERUS Verlag übernimmt keine juristische
Verantwortung oder irgendeine Haftung für evtl. fehlerhafte
Angaben und deren Folgen.

Brasilien

von

Adolf Bieler

Referent am Ibero-amerikanischen Institut

Mit 1 Übersichtskarte

SEVERUS

Vorwort.

Geradezu verblüffend ist die Unwissenheit der breiten Massen unserer Bevölkerung bis weit hinein in die Kreise der Gebildeten über das Ausland, auffallend sind die falschen und unzutreffenden Vorstellungen vieler Auswanderungslustiger über das ihnen als Paradies winkende Südamerika.

Wenn die vorliegende Schrift versucht, durch Schilderung der allgemeinen Verhältnisse und Darlegung der Aussichten, die sich dem Unternehmer, dem Landwirt und den Angehörigen der verschiedensten Berufe in der brasilianischen Republik bieten, in gedrängter Form die notwendigste Aufklärung über eines der für die deutsche Auswanderung besonders in Betracht kommenden Länder zu bieten, so entspricht sie einem unmittelbaren, dringenden Bedürfnis.

Wegen Raummangels konnte ich die Zusammenfassung von Einzelmitteilungen, die über verschiedene Kapitel verstreut sind, insbesondere die systematische Darstellung der geographischen, wirtschaftsgeographischen und kulturellen Verhältnisse der einzelnen Staaten Brasiliens, nicht aufnehmen. Der Leser wird sich aber ohne Schwierigkeiten an Hand des Sachregisters die notwendige Orientierung verschaffen können.

Die mir gestellte Aufgabe, die Verhältnisse so zu schildern, wie sie heute liegen, habe ich mich durch Heranziehung alles mir erreichbaren Materials zu lösen bemüht. Wesentlich erleichtert wurde meine Aufgabe durch die Möglichkeit, die reichen und wertvollen Sammlungen der Archive des Hamburgischen Welt-Wirtschafts-Archivs (Leitung: Herr Geheimrat Professor Dr. Franz Stuhlmann), des Instituts für Seeverkehr und Weltwirtschaft an der Universität Kiel (Leitung: Herr Geheimrat Professor Dr. Bernhard Harms) sowie des Ibero-amerikanischen Instituts in Hamburg (Leitung: Herr Professor Dr. Bernhard Schädel) benutzen zu dürfen. Allen sei für die liebenswürdige Überlassung des vorhandenen Quellenmaterials bestens gedankt. Besonderen Dank zolle ich Herrn Dr. Heinrich Waltz, Archivar am Hamburgischen Welt-Wirtschafts-Archiv, der mir bei Abfassung der Arbeit seinen sachverständigen Rat nie versagte, sowie Herrn Waldemar Scholz (Hamburg) und Herrn Dr. Seelheim, Referent für Brasilien am Reichswanderungsamt (Berlin), die sich durch einige freundliche Hinweise auf verbesserungs- und ergänzungsbedürftige Stellen

1*

des Manuskripts verdient machten. Schließlich empfinde ich das
lebhafte Bedürfnis, Fräulein Wera Olsok, Redaktionssekretärin
am Ibero-amerikanischen Institut, für ihre förderliche Beihilfe
bei der Durchsicht der Korrekturen meinen verbindlichsten Dank
auszusprechen.

Möge das vorliegende Bändchen geeignet sein, Auswanderungslustige über die natürlichen und wirtschaftlichen Bedingungen
so wie die Erwerbsmöglichkeiten in Brasilien rechtzeitig aufzuklären und vor einer übereilten Preisgabe der heimatlichen Scholle
zu warnen.

Hamburg, im Januar 1920.   A. B.

Inhaltsübersicht.

1. Geographisches, Topographisches, Klimatisches.

Brasilien, der umfangreichste der südamerikanischen Freistaaten, bedeckt mit seinen 8,5 Mill. qkm (5 000 696 qkm Wald- und 3 527 304 qkm Kampländereien) Gesamtausdehnung einen Raum, der ungefähr 15^1/$_2$ mal so groß ist wie derjenige Deutschlands vor dem Kriege, und steht somit in der Ordnung der größten Länder der Erde hinter dem früheren Rußland, China, den U. S. A. und Kanada an fünfter Stelle. Zum größten Teil unter den Tropen gelegen, reicht Brasilien in seiner nördlichen Grenze bis zu 5° 10' nördlicher Breite, während es sich im Süden bis zu 33° 45' südlicher Breite erstreckt. Auf der nördlichen Erdhälfte liegend, würde es in seiner Ausdehnung in der Richtung von Norden nach Süden etwa vom Nordkap bis Gibraltar reichen, und seine größte Breite von der atlantischen Küste bei Pernambuco bis zum äußersten Westen des Staates Amazonas käme ungefähr der Entfernung von Brest an der Westküste Frankreichs bis zur Ostküste des Kaspischen Meeres gleich.

Die natürliche Grenze Brasiliens im Osten und einem großen Teil des Nordens bildet der Atlantische Ozean, der vom Cap d'Orange (Franz. Guayana) an der Mündung des Oyapock im Norden bis Chuy an der uruguayischen Grenzlinie im Süden eine Küstenlänge von 7920 km bespült. Der Republik benachbart sind vom Norden ausgehend die drei Guayanas (das französische, holländische und englische), denen sich Venezuela und Kolumbien anschließen, welch letzteres anfänglich auch die Westgrenze bildet. Es folgen dann im Westen weiter Ecuador, Perú, Bolivien, Paraguay und Argentinien sowie im Süden endlich Uruguay, so daß Brasilien mit allen südamerikanischen Freistaaten außer Chile gemeinsame Grenzen hat, eine Tatsache, die freilich auch zu den verwickeltsten Grenzstreitigkeiten Anlaß gab, deren Lösung die brasilianischen Staatsmänner für lange Zeit in Atem hielt.

Der Oberflächengestaltung nach zerfällt Brasilien, das, abgesehen von den weiten Flußtälern des Amazonas und des Paraguaystromes, in seiner Hauptmasse ein Hochplateau zwischen 300 und 1000 m Erhebung über dem Meeresspiegel darstellt, in drei große Gruppen: im Norden das Hochland von Guayana, im Osten das System des Küstengebirges, die Cadeia maritima oder Serra do Espinhaço, die sich vom Staate Rio de Janeiro aus nach Süden in zwei parallele Ketten, die Serra do Mar und die Serra da Mantiqueira, teilt, und endlich den dritten be-

deutenden Gebirgszug, die Cadeia Central, die in den Staaten
von Goyaz, Minas Geraes und Bahia verläuft. Als höchste Erhebungen des Landes sind der Pico dos Orgãos (2234 m), unweit der Hauptstadt Rio, und der Itatiaya (2987 m), der höchste
Berg Brasiliens, in der Serra da Mantiqueira zu nennen.
Das Flußsystem Brasiliens zählt zu den großartigsten Strom-
netzen der Welt und ist hinsichtlich der Verkehrsverhältnisse
von hervorragender wirtschaftlicher Bedeutung für das Land,
wie es auch durch seine unzähligen Stromschnellen und präch-
tigen Wasserfälle nicht minder reichere landschaftliche Reize
bietet. Den brasilianischen Norden durchströmt der Amazonas,
„nach den Anden das größte Charakteristikum Südamerikas und
in geographischer Hinsicht das Großartigste, das Brasilien dem
Reisenden darbieten kann". Auf den Anden von Pasco, am
Schneeberge San Lorenzo, entspringend, durchfließt dieser Riesen-
strom bis zu seiner Mündung in den Atlantischen Ozean eine
Strecke von mindestens 5000 km Länge, und die Gesamtausdehnung seines schiffbaren Netzes beträgt rund 50 000 km, wo-
von ungefähr 40 000 km auf brasilianisches Gebiet entfallen. Fast
ebenso riesenhaft an Ausdehnung und Breite wie der Amazonas
selbst sind viele seiner Nebenflüsse. Von Norden her strömen
ihm zu: der Içá (1452 km), Japurá (1848 km), der Rio Negro
(1551 km), mit seinem Zufluß Rio Branco, ferner der Jamundá
Trombetas, Parú und Jary und im Süden der Javary, Jutahy
(1056 km), Juruá (2000 km), Purús (3000 km), Madeira (3240
km), Tapajóz (2000 km), Xingú (2000 km) und Tocantins (2640
km). Man kann sich ungefähr eine Vorstellung von der Ausdehnung dieser Flüsse machen, wenn man zum Vergleich die
Stromlängen des Rheins (1326 km) oder der Elbe (1154 km)
heranzieht. Das zweite bedeutende Flußsystem Brasiliens bilden
die sämtlich in Brasilien entspringenden Quellflüsse Paraná
(4390 km), Paraguay (2078 km) und Uruguay, als deren wichtigste Zuflüsse auf brasilianischem Boden der Tieté (1122 km),
Paranápanema, Iguassú (1320 km) und der Ibicuhyguassú Erwähnung verdienen. Abgesehen von diesen beiden gewaltigen Strom-
systemen des Amazonas und Paraguay, ergießen sich an der Ost-
und Nordküste Brasiliens eine Reihe großer Flüsse in den Atlantischen Ozean, von denen der São Francisco einen Lauf von
2900 km und der Rio Parnahyba einen solchen von 1700 km
aufweisen.
Eingeteilt wird das weite Gebiet der Republik in den Bundesdistrikt, das Nationalterritorium Acre und 20 Staaten,
nämlich die das sogenannte Amazonien bildenden Nordstaaten
Amazonas und Pará, denen sich nach Osten zu die nördlichen
Küstenstaaten Maranhão, Piauhy, Ceará, Rio Grande do
Norte und Parahyba anschließen. Es folgen an der atlantischen
Küste die mittleren Küstenstaaten Pernambuco. Alagôas,

Sergipe, Bahia und Espirito Santo, denen ohne Anteil an der Meeresküste die Zentralstaaten Minas Geraes, Goyaz und Matto Grosso benachbart sind. Die Staaten Rio de Janeiro, São Paulo, Paraná, Santa Catharina und Rio Grande do Sul nehmen als südliche Küstenstaaten den restlichen Teil der Republik ein.

Über die Größenverhältnisse der einzelnen Staaten sowie deren Hauptstädte und Einwohnerzahl unterrichtet folgende Zusammenstellung, wobei jedoch zu bemerken ist, daß die Zahlenangaben über die Bevölkerung recht unsicher sind:

Staaten	Hauptstädte	Flächeninhalt in 100 qkm	Einwohnerzahl der Staaten in Tausenden	Hauptstädte in Tausenden
Bundesdistrikt ...	Rio de Janeiro ..	13	975	975
Amazonas	Manáos	18947	378	50
Pará	Belém	11497	809	180
Maranhão	São Luiz	4598	683	50
Piauhy	Theresina	3017	441	30
Ceará	Fortaleza	1042	1179	65
R. Gr. do Norte .	Natal	574	424	20
Parahyba	Parahyba	747	630	30
Pernambuco	Recife	1283	1649	220
Alagôas.........	Maceió.........	584	848	48
Sergipe	Aracajú	340	426	30
Bahia	Bahia	4214	2746	250
Goyaz	Goyaz	7473	428	20
Matto Grosso	Cuyabá	13787	191	40
Espirito Santo ...	Victoria.........	437	362	16
Minas Geraes	Bello Horizonte ..	5748	4628	40
Rio de Janeiro ..	Nictheroy	689	1325	40
São Paulo	São Paulo	2998	3700	400
Paraná	Curityba	2213	554	50
Santa Catharina .	Florianopolis	1141	463	30
R. Gr. do Sul ...	Porto Alegre	2365	1682	150
Acre		1910	86	—

In Anbetracht der ungeheuren Ausdehnung Brasiliens von Norden nach Süden sind die durchaus ungleichartigen klimatischen Verhältnisse der einzelnen Regionen, die hinsichtlich ihrer mittleren Jahrestemperatur in drei verschiedene Zonen eingeteilt werden können, leicht verständlich. In der tropischen Zone steigt die mittlere Temperatur über 25° C. Diese Zone umfaßt einen Teil des Staates Pernambuco, ferner die Staaten Parahyba do Norte, Rio Grande do Norte, Ceará, Piauhy, Maranhão, Pará und Amazonas. Die subtropische Zone zerfällt bei einer mittleren Jahrestemperatur zwischen 20° und 25° mit Hinsicht auf die Niederschläge in zwei Unterregionen, deren eine einen Teil des Staates Pernambuco, die Staaten Alagôas und Sergipe sowie das Küstengebiet des Staates Bahia umfaßt, wo vom Monat Juni bis August überaus reiche Niederschläge zu verzeichnen sind, während die zweite den Süden des Staates Bahia, ferner die Staaten Espirito Santo und Rio de Janeiro, sowie einen Teil des Küstengebietes von São Paulo einschließt, wo die Regenzeit vor allem im Herbst und Sommer, d. h. von Dezember-April, vorherrscht. Das dem Europäer am besten zusagende Klima findet sich in der gemäßigten oder milden Zone, deren mittlere Jahrestemperatur 20° nicht übersteigt, und die sich über den Süden von São Paulo, das Hochland von Minas Geraes und die Staaten Paraná, Santa Catharina und Rio Grande do Sul erstreckt.

Oft und in früheren Zeiten sicherlich nicht mit Unrecht ist auf die gefährlichen Herde epidemischer und endemischer Krankheiten wie Malaria (Sumpffieber), Typhus, Gelbfieber usw. die Brasilien birgt, hingewiesen worden. Noch bis in die neunziger Jahre, ja über die Wende des vergangenen Jahrhunderts hinaus war namentlich in der feuchten Jahreszeit, in den Monaten Januar und Februar, die Sterblichkeit an Gelbfieber in der Hauptstadt Rio geradezu erschreckend. Wenn Brasilien heutigentages, nahezu vollständig gelbfieberfrei ist, so ist dies das Verdienst des leider zu früh verstorbenen großen brasilianischen Gelehrten und Bakteriologen Dr. Oswaldo Cruz, unter dessen Leitung in den Jahren 1904—1906 ein groß angelegter Assanierungsdienst durchgeführt wurde, der zu einem vollen Erfolge führte. Wo noch vereinzelte Fälle von Gelbfieber oder sonstigen epidemischen Krankheiten vorkommen, muß ein guter Teil der Schuld den davon Betroffenen selbst zugeschrieben werden, da diese meist jede hygienische Vorschrift mißachten. Die Bundesregierung sowohl wie die einzelnen Staatsregierungen Brasiliens arbeiten denn auch beständig an der Hebung der gesundheitlichen Verhältnisse im Lande und setzen das von dem damaligen Präsidenten Rodriguez Alves begonnene Assanierungswerk energisch fort. Erst neuerdings (Juli 1919) eröffnete der Minister des Innern einen Kredit von 6,8 Mill. Mark Gold, der im Januar 1920 um 1,6 Mill. Mark Gold erhöht wurde, zwecks prophylaktischer Maßnahmen gegen Malaria und ansteckende Krankheiten in den Hafenstädten der Republik. Über die Weiterbehandlung eines in der brasilianischen Kammer eingebrachten Gesetzentwurfs zur Schaffung eines besonderen „Ministerio da Saúde e Higiene" in Verbindung mit einem neu zu errichtenden Unterrichtsministerium liegen dem Verfasser neuere Daten nicht vor.

Immerhin möge hier jedoch ausdrücklich betont werden, daß europäischen, insbesondere deutschen Auswanderern, die durch körperliche Arbeit ihren Lebensunterhalt verdienen müssen, eine Ansiedlung, also ein dauernder Aufenthalt in Brasilien im allgemeinen nur in den Südstaaten Paraná, Santa Catharina und Rio Grande do Sul, höchstens noch in einigen Teilen von São Paulo, Minas Geraes und Rio de Janeiro — die von Lamberg vertretene Ansicht, daß europäische Ackerbaukolonien nordwärts mindestens bis Pernambuco angelegt werden können, steht vereinzelt da — zu empfehlen ist, wo die Gesundheitsverhältnisse durchaus günstig liegen. Fieberkrankheiten wie Malaria usw. sind dort so gut wie unbekannt. In regenreichen Distrikten sind Gicht und Rheumatismus allerdings nicht selten. Mit Recht gefürchtet ist die gerade in Südbrasilien häufig auftretende Hakenwurmkrankheit. Gegen den Sandfloh, der sich besonders in die Zehenspitzen einbohrt, schützt festes Schuhzeug am wirksamsten. Gegen Pocken, Typhus und Lungenerkrankungen, schützen Sauberkeit und vernünftige Lebensweise. Die sogenannte „Klimakrankheit", die sich in Verdauungsstörungen und Ausschlägen äußert und von der ein hoher Prozentsatz der Einwanderer in den ersten Wochen der Akklimatisierung befallen wird, ist bei sachgemäßer Behandlung in der Regel bald behoben.[1]

2. Brasiliens wirtschaftliche Entwicklung und seine Bedeutung für den Welthandel.

Wie in Argentinien ist auch in Brasilien, das seit dem Sturze des Kaiserreiches (1889) und insbesondere in den letzten zwanzig Jahren einen politischen, wirtschaftlichen und sozialen Aufschwung erfahren hat wie wohl selten ein Land von solch riesiger Ausdehnung und gleichen Verhältnissen, das wirtschaftliche Gedeihen aufs engste mit der Beschaffung von Arbeitskräften durch die Einwanderung verknüpft.

In der Zeit von 1820—1916 strömten Brasilien ungefähr 3,5 Mill. überseeische Einwanderer zu, darunter 1 366 506 Italiener, 988 367 Portugiesen, 478 889 Spanier, 123 194 Deutsche, 104 199 Polen und Russen, 78 700 Österreicher-Polen, 53 037 Türken-Araber, 28 364 Franzosen, 22 249 Engländer, 10 832 Schweizer, 15 773 Japaner und einige Tausend Nordländer. Einen Überblick über die brasilianische Einwanderungsbewegung der letzten 32 Jahre (1887-1918), in welchem Zeitraum der jährliche Zuzug durchschnittlich

[1] Jeder Auswanderer sollte sich vor der Ausreise mit dem Inhalt des vom „Institut für Schiffs- und Tropenkrankheiten" (Hamburg) zusammengestellten 2. Bändchens der Auslandswegweiserserie: Gesundheitlicher Ratgeber für Auswanderer, Hamburg 1920, vertraut machen.

91 041 Köpfe betrug, bietet nachstehende nach Veröffentlichungen der Direktion des brasilianischen Bevölkerungsdienstes zusammengestellte Statistik:

Einwanderungsbewegung in Brasilien

in den Jahren:	1887/96	1897/1906	1907/1917	1887/1917
Deutsche	18 930	6 645	34 624	60 199
Österreicher (haupts. slav. Rasse)	34 052	12 011	22 383	68 446
Belgier	2 580	174	1 370	4 124
Franzosen	8 205	2 156	9 682	20 043
Spanier	146 918	114 177	211 115	472 210
Engländer	2 778	1 201	7 412	11 391
Italiener	686 557	360 057	177 666	1 224 280
Portugiesen	223 435	141 352	387 318	752 105
Russen	40 179	3 998	50 824	95 001
Schweden	2 414	76	1 714	4 204
Schweizer	868	516	2 107	3 491
Türken-Araber (haupts. Syrer)	—	10 093	43 276	53 369
Verschiedene	19 524	28 647	75 770	123 941
insgesamt	1 186 440	681 103	1 025 261	2 892 804
jährl. Durchschnitt	118 644	68 110	93 206	93 316

Die Einwanderungsziffern für die Kriegsjahre sind folgende: 1914 — 82 572; 1915 — 32 206; 1916 — 34 003; 1917 — 31 192; 1918 — 20 501. Hinsichtlich der Nationalität der Einwanderer zeigt die obige Zusammenstellung, daß das südromanische Element mit 2 448 595 Köpfen ungefähr ⁵/₆ der im Laufe der dreißig Jahre eingewanderten Fremden ausmacht, während die Slaven und Deutschen in großem Abstand an zweiter bezw. dritter Stelle stehen. Seit einigen Jahren machen sich in Brasilien auch die Japaner breit, von denen der Staat São Paulo in den letzten Jahren vertragsgemäß einige Tausend jährlich aufnahm.

Ein Rückschluß betreffs der Einwanderung auf die Bevölkerungsbilanz ist leider nicht möglich, da Statistiken über die Rückwanderung nicht vorliegen. Soviel steht jedoch fest, daß der Einwanderungsüberschuß zur Vermehrung der Bevölkerung nicht unwesentlich beitrug. Im Jahre 1822 zählte das brasilianische Areal wenig mehr als vier Millionen Einwohner. Bei Proklamation der Republik waren es bereits 14,3 Mill., und die neuesten Schätzungen nennen eine Bevölkerung von rund 26 Millionen Einwohnern. Die Bevölkerungsdichte, d. h. das Verhältnis der Einwohnerzahl zum Flächeninhalt, die in Brasilien etwa 3,85 (gegen 253 in Belgien und 122 in Deutschland) beträgt, gibt insofern kein richtiges Bild, als sich die Bevölkerung mehr in den größeren Städten und den Küstenstaaten des Atlantischen Ozeans konzentriert, —

innerhalb eines sehr beschränkten Gebietes, das die beiden wichtigsten Städte Brasiliens, Rio de Janeiro und São Paulo, umgibt, eines Abschnittes, der vielleicht $^1/_{20}$ des Gesamtgebietes des Landes ausmacht, wohnt annähernd der vierte Teil des brasilianischen Volkes — während im Innern des Landes noch weite, unwegsame und z. T. noch unerforschte Gebiete entweder ganz bevölkerungsleer oder doch nur von wenigen Indianerstämmen besiedelt sind.

Einen weiteren mächtigen Hebel zur Förderung des wirtschaftlichen Wohlstandes Brasiliens bildete neben der Beschaffung von Arbeitskräften durch die Einwanderung sowie dem fremden Kapital die Erweiterung des brasilianischen Eisenbahnnetzes, das sich heute in einer Gesamtschienenlänge von annähernd 30 000 km über weite und fruchtbare Zonen hinzieht, die Produktion belebt und den Handel fördert, wenn es sich auch im Verhältnis zur Größe des Landes in noch recht engen Grenzen bewegt. Ein großer Prozentsatz der gesamten Eisenbahnlinien des Landes ist auf die Staaten Rio de Janeiro und São Paulo beschränkt, während das unentwickelte Innere des Landes mit seinem großen Mineralreichtum, seiner Entwicklungsmöglichkeit als Weideland und seinen gewaltigen Wäldern von Kautschukbäumen, Medizinalgewächsen, Farbhölzern und Hartholz nur durch wenige Eisenbahnlinien und schiffbare Flüsse zugänglich ist. Die wichtigsten Küstenstaaten im Norden, Bahia, Pernambuco, Ceará und Pará, stehen — wenn auch mit kleineren, lokalen Eisenbahnen versehen — weder untereinander noch mit dem Süden in Verbindung und hängen betreffs des zwischenstaatlichen Verkehrs von der Küstenschiffahrt ab.[1]

Gleichen Schritt mit der Entwicklung des Landverkehrs hielt naturgemäß auch diejenige des Post- und Telegraphenwesens sowie der Schiffahrt. Während sich noch im Jahre 1901 die Anzahl der in brasilianischen Häfen ein- und ausgegangenen Schiffe für große Fahrt und Küstenfahrt (Dampfschiffe und Segler) auf nur 30 070 mit einem Tonnengehalt von 19,8 Mill. Br. Reg. T. bezifferte, erreichte diese im Jahre 1913 die Zahl von 55 647 Schiffen mit 58,4 Mill. Br. Reg. T. und betrug selbst im Kriegsjahre 1917 43 429 Schiffe mit 29 Mill. Br. Reg. T.

Von den 100 kleineren und größeren Häfen am Atlantischen Ozean, einschließlich derjenigen des Amazonas- und Paraguay-

[1] Vergl. „Development of Brazilian Railways", zusammengestellt von der „Latin-American Division" des „Bureau of Foreign and Domestic Commerce" in Washington; „Commerce Reports" vom 10. 10. 18, in Übersetzung abgedruckt: „Mitteilungen der Iberoamerikanischen Gesellschaft". Hamburg, Jhrg. II, S. 106 ff. Eine eingehende Arbeit über die brasilianischen Eisenbahnen hat Lionel Wiener geliefert: Wiener, L., Les chemins de fer du Brésil. Paris (Dunod et Pinat) 1913.

stromes, deren wichtigste von Norden nach Süden: Manáos, Pará, Maranhão, Parnahyba, Ceará, Natal, Parahyba, Recife (Pernambuco), Maceió, Aracajú, Bahia, Victoria, Rio de Janeiro, Santos, Paranaguá, S. Francisco do Sul, Florianopolis, Porto Alegre, Pelotas und Rio Grande sind, werden 54 von Ozeandampfern angelaufen. Dem überseeischen Verkehr dienen besonders Pará, Pernambuco, Bahia, Rio de Janeiro und Santos; sie werden in der Hauptsache von englischen, französischen, italienischen, spanischen, holländischen, deutschen und neuerdings auch von nordamerikanischen und japanischen Schiffen angelaufen.

Ebenso wie die Schiffahrt für große Fahrt und die Flußschifffahrt, die neben unzähligen Kähnen und sonstigen Fahrzeugen von Hunderten von kleineren und größeren Dampfern vermittelt wird, hat auch die Küstenschiffahrt, die nach Art. 13 der Verfassung nur von nationalen Schiffen besorgt werden darf, eine erfreuliche Entwicklung genommen. Nach einer vom ,,Monitor Mercantil'' (Rio de Janeiro) ausgearbeiteten Statistik war der Bestand der brasilianischen Handelsflotte im Mai 1918 folgender:

Unternehmen	Anzahl	Br.-Reg.-T.	Netto-Reg.-T.
Lloyd Brasileiro	48	86 725	53 776
Frühere deutsche Dampfer ...	12	62 594	39 320
Companhia Nacional de Navegação Costeira	27	37 205	22 058
Lloyd Nacional..............	12	28 266	18 105
Companhia Commercio e Navegação	16	30 801	19 678
Amazon River Company	51	27 814	17 799
Empreza Navegação Nicolaus & Cia...................	14	3 094	2 146
Empreza de Navegação Bahiana....................	16	6 326	2 834
Sonstige	43	9 339	5 358
zusammen	239	292 164	181 074
Dampfer	237	289 085	178 224
Segler	2	3 079	2 850
dazu aus Privatbesitz	111	37 551	25 391
insgesamt	350	329 715	206 465

Am besten spiegelt sich jedoch die wirtschaftliche Leistungsfähigkeit Brasiliens und dessen Aufschwung, der durch ein modernes Kredit-[1] und Versicherungswesen wirksam unterstützt wird, in den steigenden Zahlen seines Außenhandels wider, der folgenden Entwicklungsgang aufzuweisen hat:

---

[1] Banken siehe S. 139.

	Ausfuhr	Einfuhr	Saldi d. Handelsbilanz
	$	$	$
1827	8 308 937	8 567 896	— 258 959
1840	43 192 500	52 358 600	— 9 166 100
1870	166 409 000	124 305 000	+ 42 104 000
1889	255 778 576	217 798 784	+ 37 979 792
1890	326 453 313	294 879 972	+ 31 573 341
1895	882 057 705	844 581 250	+ 37 476 455
1900	850 338 835	644 938 555	+ 205 400 280
1910	939 413 449	713 863 143	+ 225 550 306
1911	1 003 924 736	793 716 446	+ 210 208 290
1912	1 119 737 180	951 369 558	+ 168 367 622
1913	981 767 000	1 007 495 000	— 25 728 000
1914	750 980 000	561 853 000	+ 189 127 000
1915	1 042 928 000	582 996 000	+ 459 932 000
1916	1 136 888 000	810 759 000	+ 326 129 000
1917	1 190 175 000	837 738 000	+ 352 437 000
1918	1 137 100 000	989 502 000	+ 147 598 000

Die Bewegung des brasilianischen Außenhandels, insbesondere die durch die Kriegsverhältnisse hervorgerufenen Veränderungen der Aus- und Einfuhrartikel wie auch die Verschiebungen der Aus- und Einfuhrrichtungen auch nur flüchtig zu berühren, ist hier nicht der Ort. Die hauptsächlichsten Veränderungen werden bei Behandlung der einzelnen Produktionszweige zu berücksichtigen sein. Nur der Stellung, die Deutschland bis zu Beginn des Weltkrieges innerhalb des brasilianischen Außenhandels einnahm, möge hier in kurzen Worten gedacht sein. Noch im Jahre 1874/75 stand Deutschland unter den nach Brasilien ausführenden Ländern hinter England, Frankreich, Portugal und den U. S. A. an fünfter Stelle; bereits 30 Jahre später war es nach England an die zweite Stelle gerückt, während es sich hinsichtlich der Einfuhr aus Brasilien mit dem dritten Platz begnügen mußte.

Brasilien kaufte von Deutschland

	1874/75	1904	1906	1910	1913	
für rund	13	85	100	155	235	Mill. Mark Gold.

Deutschland kaufte von Brasilien

	1874/75	1904	1909	1913	
für rund	25	140	205	184	Mill. Mark Gold.

Die hauptsächlichsten Waren, die Deutschland aus Brasilien bezog, waren Kaffee, Kakao, Kautschuk, Häute, Felle, Wachs, Monazitsand, Manganerz und Tabak, der nach Ausweis der brasilianischen Ausfuhrstatistiken von Deutschland nahezu monopolisiert wurde, während sich umgekehrt die brasilianische Einfuhr aus Deutschland in der Hauptsache aus den typischen deutschen Ausfuhrartikeln: Maschinen, Textilprodukten, Erzeugnissen der Schwer- und Kleineisenindustrie sowie der elektrotechnischen und chemischen Industrien zusammensetzte.

Wenn man sich die Frage vorlegt, welche Bedeutung dieses aufblühende südamerikanische Neuland für den Welthandel hat, so könnte diese, zunächst rein zahlenmäßig betrachtet, gering erscheinen. An dem gesamten Welthandel, der beispielsweise im Jahre 1910 153 Milliarden Mark betrug, war Brasilien mit nur 2¹/₄ Milliarden Mark beteiligt; es kann auch nicht die Bedeutung aufweisen, wie sie etwa Japan, Britisch-Indien, Argentinien, Australien oder Kanada in dem letzten Jahrzehnt auf dem Weltmarkt gewonnen haben. Andererseits darf aber nicht unberücksichtigt bleiben, daß Brasilien ein Rohstoffland ersten Ranges ist, daß kein anderes Land Amerikas, auch die Vereinigten Staaten nicht, über so mannigfache und unentbehrliche Hilfsquellen verfügt wie Brasilien. „Gerade darin, daß es größtenteils Waren produziert, die die ganze Welt haben muß und die andere Länder nicht in der Weise erzeugen können, liegt seine Bedeutung für den Welthandel." Bis 1915 bestritten fast 95% seiner Gesamtausfuhr die folgenden 9 Welthandels-Stapelartikel: Kaffee, Kautschuk, Kakao, Leder, Häute, Baumwolle, Zucker, Tabak und Matte, unter denen die beiden charakteristischen Ausfuhrprodukte Brasiliens, Kaffee und Kautschuk, eine weit überragende Position einnahmen. Wenn auch gerade diese beiden Stapelartikel, insbesondere der Kaffee, während des Krieges infolge des fast gänzlichen Ausscheidens der Zentralmächte vom Weltmarkt einen merklichen Rückschlag erfuhren, so konnte dieser Ausfall durch gänzlich neue Ausfuhrprodukte und die Steigerung bisher weniger ins Gewicht fallender mehr als ausgeglichen werden. Gefrierfleisch, Bohnen, Mais, Reis, Manganerze usw. füllten die entstandene Lücke aus.

Die derzeitige wirtschaftliche Lage Brasiliens darf durchaus günstig beurteilt werden, und der letzte Geschäftsbericht der „Brasilianischen Bank für Deutschland" stellt mit Recht fest, daß Brasilien alles in allem ein Land mit außerordentlichen wirtschaftlichen Zukunftsaussichten und -möglichkeiten bleiben wird. „An der Entwicklung derselben mitzuwirken, wird deutschem Fleiß um so mehr beschieden sein, als dort eine Voreingenommenheit gegen alles Deutsche nicht in dem Grade besteht, wie sie in anderen Ländern zurzeit noch vorhanden ist. Allerdings muß man vorbereitet sein auf eine Konkurrenz ganz anderer Art, als sie vor dem Kriege bestand."—

Im Jahre 1922 findet in Rio de Janeiro anläßlich der Jahrhundertfeier der Unabhängigkeitserklärung Brasiliens eine große internationale Ausstellung statt, auf der zum ersten Male die Leistungsfähigkeit des südamerikanischen Kontinents der We¹⁴

vor Augen geführt werden soll. England, Nordamerika und
Frankreich rüsten sich jetzt schon für eine großzügige Beteiligung.
Bei dieser Ausstellung sollte auch Deutschland nicht fehlen.

3. Das brasilianische Volk.

Der echt brasilianische Volkstypus mit „seiner rötlichgelben
Hautfarbe, den tiefschwarzen, straffen und dicken Haaren, den
stark hervorstehenden Backenknochen, dem regelmäßig und scharf
geschnittenen Mund und dem untersetzten Körperbau" weist un-
schwer auf die Kreuzung der kaukasischen Rasse der portugiesischen Eroberer, die sich zu Anfang des 16. Jahrhunderts
an der Ostküste Brasiliens festsetzten, mit der indianischen
Urbevölkerung hin, die jedoch allmählich immer weiter zurückgedrängt wurde und heutigentags in spärliche Gruppen, deren
Hauptstämme die Tupis, Tapuyas, Guaranís und Omaguas sind,
im Innern des Landes, hauptsächlich im Amazonasgebiet, in Matto
Grosso und Goyaz zerstreut, ohne Zusammenhang mit dem brasilianischen Staatsleben und nur in seltener Berührung mit dem
reinen kaukasischen Element als ethnischer Faktor kaum noch eine
Rolle spielt. Die Negersklaven, die fast gleichzeitig mit der
Besitznahme des Landes für die Krone Portugals aus Afrika eingeführt wurden, brachten neues Blut in die damalige brasilianische
Bevölkerung, so daß deren Hauptstock durch Mischlinge von
Weißen, Schwarzen und Indianern gebildet wird. Deutlich unterscheidet sich der Mulatte, der Mischling von Europäer und
Neger, mit seinem gekräuselten Haar, der abgeplatteten Nase
und den aufgeworfenen Lippen von dem Abkömmling des Weißen
und Indianers, dem Caboclo, während der Mestize des Negers
und Indianers, dem Cafuzo oder Caboré, weniger kennbare
Unterscheidungsmerkmale aufweist. Kreolen heißen in Brasilien
die im Lande geborenen Neger.

Gleich den Argentiniern ist auch das brasilianische Volk noch
eine Nation im Werden; dafür sprechen die hohen Zahlen, die die
Einwanderungsstatistik[1] Brasiliens aufweist. Hauptsächlich in
der zweiten Hälfte des 19. Jahrhunderts setzte von Europa aus
ein starker Einwandererstrom nach Brasilien ein, der namentlich
die dortige Landbevölkerung auffrischte. Der starke Zuzug von
Italienern, die vornehmlich als Arbeiter in den ausgedehnten
Kaffeekulturen des Staates São Paulo und in den südlichen Staaten
als Ackerbauer Betätigung fanden, von Portugiesen und Spaniern,
die sich in den Städten in der Hauptsache dem Handwerk und
Kleinhandel widmeten, verstärkte das romanische Element natur-

---

[1] Siehe Seite 12.

2 Bieler, Brasilien

gemäß um ein beträchtliches, wenn sich auch die germanischen und slavischen Elemente, namentlich in den südlichen Staaten, wo sich die deutschen und polnischen Ackerbaukolonien finden, eine gewisse Geltung zu verschaffen wußten, und in ihren geschlossenen Siedelungen einige ihrer ursprünglichen Merkmale, vor allem die Sprache, beibehielten. Wie überall in den Einwanderungsländern, so in den Vereinigten Staaten von Nordamerika, in Argentinien und Kanada, macht man aber auch in Brasilien die Beobachtung, daß die einwandernden Elemente dort, wo sie nicht in größeren geschlossenen Verbänden auftreten, sich in ihren Sitten, Gebräuchen und ihrer Sprache rasch ihrem zweiten Vaterlande anpassen, sich „verhiesigen", wie man in Argentinien sagt, und, ganz in dem Ideenkreis der neuen Heimat aufgehend, meistens schon in der zweiten Generation ihre Fusion mit dem einheimischen Element vollzogen haben, wozu das weit entgegenkommende Naturalisierungsgesetz für Ausländer in Brasilien nicht unwesentlich beitragen mag.

Seit Gründung der Republik hat Brasilien neben seiner wachsenden wirtschaftlichen Entwicklung auch auf die kulturelle Förderung des Landes größten Wert gelegt und in der Schaffung von Bildungsmöglichkeiten eine seiner vornehmsten Pflichten erkannt. Der öffentliche Volksschulunterricht, der in den meisten Staaten obligatorisch und unentgeltlich ist, untersteht mit Ausnahme des Bundesdistrikts und des Nationalterritoriums Acre den einzelnen Staatsregierungen bezw. Munizipien, denen auch die Heranbildung der Volksschullehrkräfte obliegt, während der Mittelschulunterricht und das höhere Schulwesen direkt von der Bundesregierung abhängen. Universitäten in unserem Sinne gibt es in Brasilien nicht; doch können die 25 bestehenden Fakultäten (Jurisprudenz: Pernambuco, S. Paulo, Ceará, Goyaz, Pará, Bahia, Bello Horizonte, Porto Alegre, Rio de Janeiro (2); Medizin:[1] Rio de Janeiro, S. Paulo, Curityba, Bahia, Porto Alegre; Pharmazeutik: Ouro Preto, Belém, Juiz de Fóra, Porto Alegre, S. Paulo; Odontologie: Rio de Janeiro, Bello Horizonte, Porto Alegre; Polytechnika: Rio de Janeiro, Ouro Preto, Pernambuco, Porto Alegre, S. Paulo) akademische Grade verleihen. Außerdem bestehen eine Reihe von Industrie-, Handels- und Landwirtschaftsschulen, Musik- und Kunstschulen, Blinden- und Taubstummenanstalten u. s. f. Nach der neuesten vorliegenden Statistik für das Jahr 1907, die von dem Abteilungschef in der brasilianischen Generaldirektion für Statistik, Oziel Bordeaux Rego, ausgearbeitet und im Jahre 1917 veröffentlicht wurde, bestanden in dem obengenannten Jahre in Brasilien außer den bereits erwähnten 25 Fakultäten (Frequenzziffer: 5 887) 373 (davon 342 private) Anstalten

---

[1] Von den hier aufgezählten Vorbereitungsanstalten für Ärzte, Zahnärzte und Apotheker stehen nur neun in dem Range von Fakultäten.

für Mittelschulunterricht (Gymnasien und Realschulen), die von
30 426 Schülern (23 413 Knaben, 7 013 Mädchen) besucht wurden,
und 151 (davon 99 private) Schulen für berufliche Ausbildung
(Priester- und Lehrerseminare, Gewerbeschulen, Landwirtschaftsschulen, Handelsschulen usw.). Die eingeschriebene Schülerzahl
der 12 448 (davon 2 895 privaten) Volksschulen betrug 638 378
(395 421 Knaben, 298 564 Mädchen), die durchschnittliche Frequenzziffer jedoch nur 447 614, d. h. weniger als ein Zehntel
der im Jahre 1907 schulpflichtigen Kinder (4 642 676). Für das
Jahr 1916 wurde für die Volksschulen hinsichtlich der Schülerzahl
eine Zunahme von 31%, für die Mittel- und Berufsschulen eine
solche von 16% bezw. 41% und für das Hochschulwesen eine
um 52% erhöhte Besuchsziffer festgestellt. Die Zahl der Analphabeten wurde von 82,63% im Jahre 1889 auf 60 % i. J. 1917
zurückgedrängt.

Das Zentrum des geistigen Lebens ist die Hauptstadt Rio,
wo sich die hauptsächlichsten literarischen und gelehrten Gesellschaften, reichhaltige Museen und Bibliotheken sowie beachtens-
werte wissenschaftliche Forschungsinstitute finden. In Rio erscheinen auch die maßgebenden Organe der gut entwickelten
brasilianischen Presse, aus deren großen Zahl nur der „Jornal
do Commercio", das älteste und einflußreichste Blatt Rios, ferner
„Correio da Manhã", „O Paiz" und „Jornal do Brazil" genannt
sein mögen, die mittels eines Sonderkorrespondenzdienstes in allen
größeren Hauptstädten Amerikas und Europas über eine ganz
vorzügliche telegraphische Berichterstattung verfügen und sich
in ihren täglichen Ausgaben, die häufig bis zu sechzehn, zwanzig
und mehr Seiten zählen, mit allen Fragen des politischen, kom-
merziellen und industriellen Lebens sowie mit literarischen, wissenschaftlichen und sozialen Gegenständen befassen und so an Leistungsfähigkeit den großen europäischen Blättern in nichts nachstehen.

Hinsichtlich des kirchlichen Lebens wird in Brasilien größte
Toleranz geübt. Verfassungsgemäß ist die Kirche vom Staat ge-
trennt, und für alle Formen der Religion wird absolute F
und Gleichheit gewährleistet.

4. Das brasilianische Staatswesen.

Nach der vom konstituierenden Kongreß am 24. Februar 1891
proklamierten Verfassung ist Brasilien, das bis zum Jahre 1889
ein Kaiserreich und Einheitsstaat war, eine Föderativrepublik,
d. h. wie das heutige Deutschland ein volkssouveräner Bundes-
staat, der sich aus dem Bundesdistrikt, d. i. der Hauptstadt Rio
de Jane , dem Nationalterritorium Acre und 20 Gliedstaaten

2*

zusammensetzt. Die Staaten, die die Einheiten der Union oder Bundesregierung (Sitz Rio de Janeiro) bilden, sind hinsichtlich ihrer Regierung und Verwaltung autonom, desgleichen die die Verfassungseinheiten der Staaten darstellenden Gemeinden (municipios). Union, Staaten und Gemeinden sind also die drei autonomen Regierungen, die die Verfassung nach dem Grundprinzip, daß die nationale Staatssouveränität durch das Volk ausgeübt wird, geschaffen hat. Die einzelnen Rechte und Befugnisse der Bundesregierung wie der Staaten sind in der Verfassung genau festgelegt, und es ist dafür Sorge getragen daß den Gemeinden ihre Unabhängigkeit in allem, was sich auf deren besondere Interessen bezieht, gewährleistet ist.

Das Recht der Souveränität besitzt die Union, sie besorgt die Geschäfte des Äußern, schließt mit den fremden Nationen Verträge und Übereinkünfte ab; ihr steht das Recht der Kriegserklärung und des Friedensschlusses zu. Auf finanziellem Gebiet stellt sie den jährlichen Staatshaushalt, die Ausgaben und Einnahmen usw. fest und ist befugt, Anleihen aufzunehmen und Kreditgeschäfte auszuführen. In ihrer Hand liegen die Gesetzgebung in betreff des Zivil-, Handels- und Strafrechts, ferner die Gesetzgebung hinsichtlich des internationalen Handels und desjenigen der einzelnen Staaten mit dem Bundesdistrikt, sowie die Regelung der Bestimmungen in bezug auf die Schiffahrt auf Flüssen, die mehr als einem der Staaten oder zum Teil dem Ausland angehören. Der Bundesregierung steht das Recht der Erhebung von Zöllen zu, sie entscheidet über die Errichtung oder Beseitigung von Zollämtern, ihr liegt die Prägung, Herstellung und Festsetzung von Münzen, Gewichten und Maßen ob, sie ordnet die Gründung von Emissionsbanken an, setzt jährlich die Stärke der Land- und Seemacht fest, führt deren Organisation und Verwaltung durch und trifft alle erforderlichen Maßnahmen zum Schutz der Grenzen; sie leitet die Gesetzgebung für Post und Telegraphen und deren Verwaltung, bestimmt über das höhere Unterrichtswesen und übernimmt die Unterstützung und Förderung von Kunst, Wissenschaft, Handel und Gewerbe.

Die Staaten, die ihre Regierung und Verwaltung mit vollkommener Unabhängigkeit von der Bundesregierung ausüben, wählen ihre Präsidenten (Gouverneure), Kammern und Beamten selbst. Sie sind Besitzer der Bergwerke und öffentlichen Ländereien, die in ihrem Gebiete liegen, soweit die betreffenden Territorien nicht für die Landesverteidigung und den Bau von Bundesbahnen in Frage kommen. Sie können Verträge und Übereinkünfte nichtpolitischen Charakters abschließen; sie bestimmen über das Volksschulwesen, die Gerichtsbarkeit, soweit diese nicht zur Kompetenz der Bundesregierung gehört, die Regelung der Einwanderung (in Verbindung mit der Bundesregierung), den Eisenbahnbau und die Schiffahrt im Innern, den öffentlichen

Straßenbau, die Hygiene usw. Die Bundesregierung kann sich nur im Interesse der öffentlichen Sicherheit sowie zur Wahrung der Bundesbestimmungen und Gesetze in die einzelstaatlichen Entscheidungen einmischen.

Die Gemeinden genießen, in bezug auf alle Fragen städtischer Verwaltung ein weitgehendes Selbstbestimmungsrecht.

Die Bundesregierung setzt sich nach dem Grunddogma der gewaltentrennenden Demokratie, das in Artikel 15 der Verfassung ausdrücklich ausgesprochen wird, aus drei von einander unabhängigen Gewalten zusammen: der ausübenden (exekutiven), der gesetzgebenden (legislativen) und der richterlichen. Die Exekutive liegt in der Hand des vom Volke durch allgemeines direktes Stimmrecht auf die Dauer von 4 Jahren gewählten Präsidenten — muß geborener Brasilianer und darf nicht unter 35 Jahre alt sein — der für den Fall des Ablebens, der Abwesenheit oder Abdankung von dem auf gleiche Weise und auf gleiche Dauer gewählten Vizepräsidenten vertreten wird. Die Wiederwahl des Präsidenten und die Wahl des Vizepräsidenten zum Präsidenten für die unmittelbar folgende Amtsperiode ist unzulässig. Dem Präsidenten stehen, von diesem ernannt, sieben Minister zur Seite, die folgenden Departements vorstehen: Justiz und Inneres, Äußeres, Finanzen, öffentliche Arbeiten und Verkehr, Marine, Krieg, sowie Landwirtschaft, Handel und Industrie. Die Minister sind Beauftragte des Bundespräsidenten und dürfen als solche nicht Mitglieder der Legislatur sein; mit dem Kongreß können sie nur schriftlich oder persönlich mit den Kammerausschüssen verhandeln. Im Gegensatz zu der parlamentarischen Demokratie ist ihr Verbleib auf ihrem Posten oder ihr Rücktritt keineswegs an eine Vertrauens- oder Mißtrauenskundgebung des Parlaments gebunden. Der Präsident ernennt mit Zustimmung des Senats die Mitglieder des Obersten Gerichtshofes, die Bundesbeamten und diplomatischen Vertreter, ist im Kriegsfalle Oberbefehlshaber der bewaffneten Macht und vertritt die Republik nach außen usw. usw.

Die gesetzgebende Gewalt wird durch den Nationalkongreß, der sich aus dem Senat und der Abgeordnetenkammer zusammensetzt, ausgeübt. Dem Senat gehören 63 Mitglieder (3 aus jedem Staat und drei aus der Bundeshauptstadt) an, die zu je einem Drittel nach der Anzahl der erhaltenen Stimmen auf 9, 6 oder 3 Jahre gewählt, alle drei Jahre durch neue Wahlen auf 9 Jahre ersetzt werden. Die Abgeordnetenkammer besteht gegenwärtig aus 212 Mitgliedern (1 Abgeordneter auf 70 000 Einwohner, mindestens 4 auf jeden Staat), die auf 3 Jahre gewählt werden. Die Wahlen für beide Körperschaften sind allgemein direkt. Wähler ist jeder männliche 21 Jahre alte Brasilianer, mit Ausnahme der Analphabeten, Soldaten und Angehörigen von Kongregationen.

Die richterliche Gewalt übt das Oberste Bundestribunal

(Supremo Tribunal de Justiça) in Rio de Janeiro aus, das aus einem Präsidenten und 17 Richtern (juizes letrados) besteht, von denen einer das Amt des General-Staatsanwalts der Republik übernimmt. Die oberste Gerichtsbehörde ernennt eine Anzahl von Bundesrichtern und Staatsanwälten, die ihren Sitz in den verschiedenen Staaten haben. Es ist weiterhin befugt, formell oder sachlich fehlerhafte Urteile niederer Instanzen an andere Gerichtshöfe seiner Wahl zu verweisen. Seinem Urteil unterstehen außerdem die höheren Beamten der Republik. Dem Oberbundesgericht unterstellt sind die 11 Appellationsgerichte (Rio de Janeiro, Bahia, Pernambuco, Maranhão, Pará, Ceará, Minas Geraes, São Paulo, Rio Grande do Sul, Matto Grosso und Goyaz) sowie die Handelsgerichte in Rio de Janeiro, Bahia, Pernambuco, Maranhão, Pará, Ceará und Rio Grande do Sul. Geringere Streitobjekte werden durch die vom Volk erwählten Friedensrichter, Gemeinderichter, Zivilrichter und Waisenrichter zur Entscheidung gebracht. Für Militärgerichtsbarkeit besteht als höchster Gerichtshof ein Militärobergericht. Strafsachen unterliegen den Ober- und Geschworenengerichten. Die derzeitige brasilianische Prozeßordnung ist noch in vielen Punkten reformbedürftig, wenn sie auch in der Hauptsache modernen europäischen Anschauungen angepaßt ist. Die Strafgesetzgebung (Codigo Criminal) und das Handelsrecht sind dem „Code Napoléon" nachgebildet. Für die Entscheidung zivilrechtlicher Angelegenheiten gilt das neue Bürgerliche Gesetzbuch (Codigo Civil), das seit dem Jahre 1916 in Kraft ist.

Als wichtigste Bestimmungen der Verfassung mögen genannt werden: Abschaffung des Adels, der Orden und der Todesstrafe, Einführung der allgemeinen Wehrpflicht, der obligatorischen Zivilehe, Weltlichkeit des Unterrichts und der Kirchhöfe, Schutz für alle Konfessionen und Kulte, Gewährleistung des Petitions- und Vereinsrechts sowie der Preßfreiheit. Die Verfassung sichert Brasilianern wie Ausländern, die in Brasilien leben, die Unverletzlichkeit der Freiheitsrechte zu, gewährleistet die Sicherheit der Person und des Eigentums, Freizügigkeit ohne Paßzwang sowie den Schutz des Hauses. Das Briefgeheimnis ist unverletzlich, und die freie Ausübung jedes Berufes ist gestattet, soweit sich dieser mit den Gesetzen des Landes und der Moral verträgt.

Das brasilianische Recht (Cod. civ. Art. 203) erkennt die im Ausland nach den Gesetzen des betreffenden Staates geschlossenen Ehen als gesetzlich gültig an. Polygamie ist jedoch nicht gestattet, ebensowenig eine eheliche Verbindung zwischen Verwandten auf- oder absteigenden Grades, sowie zwischen Geschwistern (Cod. civ. Art. 183). Die Ehen können von den Gerichten des Staates und nach den Gesetzen des Staates für nichtig erklärt und geschieden werden. Aber auch das neue Bürgerliche Gesetzbuch, das am 1. Januar 1916 von dem Bundespräsidenten sanktioniert und veröffentlicht wurde, enthält ausdrücklich die Bestimmung der Verordnung von 24. Januar 1890, daß die Ehescheidung (desquite) nur in bezug auf das Zusammenleben, nicht in bezug auf das Band der Ehe, das nur durch den Tod gelöst werden kann, zulässig ist. Art. 315 besagt ausdrücklich: „o casamento valido só se dissolve pela morte de um dos conjuges." Ein Brasilianer, der in Brasilien geheiratet hat, kann sich in einem Lande, dessen Gesetz die völlige Ehescheidung kennt, scheiden lassen, aber in Brasilien eine zweite Ehe nicht mehr eingehen. Ein Ausländer, dessen Gesetz die völlige Ehescheidung kennt, kann in Brasilien nicht so geschieden werden. Ein gesetzlich geschiedener Ausländer kann in Brasilien rechtsgültig heiraten, auch wenn er nach der Scheidung in Brasilien naturalisiert wird.[1]

Mit dem vollendeten 21. Lebensjahre erwirbt man in Brasilien die Großjährigkeit (maioridade) und tritt damit in den Vollbesitz der bürgerlichen Rechte.

Nach dem Militärgesetz vom Januar 1908 (erneuert durch Dekret Nr. 11 497 vom 23. März 1915) besteht auf Grund der Verfassung für jeden Brasilianer vom 21.—44. Lebensjahre (von 21 bis 30 Jahren in der ersten Linie und deren Reserven, von 30 bis 37 Jahren in der zweiten Linie und von 37 bis 44 Jahren in der Territorialarmee) die obligatorische militärische Wehrpflicht, die jedoch aus finanziellen und gesellschaftlichen Gründen bis in die Kriegszeit hinein nicht zur Durchführung gebracht wurde. Die jährliche Friedensstärke des aktiven Heeres beträgt durchschnittlich 25 000 Mann.

Ungefähr gleich stark sind die über die einzelnen Staaten verteilten Polizeikorps, die namentlich in Rio und S. Paulo ausgezeichnet organisiert sind und für die Sicherheit im Lande eine gute Gewähr bieten.

Zum Schutze seiner ausgedehnten Atlantikküste hat sich Brasilien in dem letzten Jahrzehnt eine Flotte geschaffen, die wohl die größte und modernste aller südamerikanischen Staaten genannt werden darf.

Die mit der fortschreitenden wirtschaftlichen Entwicklung stetig wachsenden finanziellen Anforderungen des Landes werden durch indirekte und direkte Steuern befriedigt, die sowohl von der Union wie den einzelnen Staaten und Munizipien erhoben werden. Verbrauchssteuerpflichtig sind nach Dekret Nr. 11 807 vom 9. Dezember 1915 Tabak, Getränke, Zündhölzer, Salz, Schuhwerk, Riech- und Schönheitsmittel, pharmazeutische Artikel, Konserven, Essig, Kerzen, Spazierstöcke, Gewebe, Korsette, ausländische Weine, Tapeten, Schirme und Hüte, Schallplatten, Porzellan und

---

[1] Vergl. Bartolomäus, R., Ausländerrecht in Brasilien; „Mitteilungen des Deutsch-Südamerikanischen Instituts". Stuttgart und Berlin 1917, Heft 1/2, S. 48 ff.

Glas.[1] Gegen Ende des Jahres 1919 beschäftigte sich der brasilianische Nationalkongreß mit der Einführung einer 5%igen Steuer auf Dividenden und Zinszahlungen von ausländischen, in Brasilien investierten Kapitalien, wie eine solche von $2\frac{1}{2}$% bereits seit 1915 für einheimische Werte besteht; doch scheinen die Verhandlungen darüber noch nicht endgültig abgeschlossen zu sein. Dieser Plan ruft übrigens vom Standpunkt, des fremden, im Lande angelegten Kapitals aus ernste Bedenken hervor, da man im Falle der Besteuerung dessen Zurückziehung bezw. Abwanderung nach solchen Ländern befürchtet, in denen eine derartige Steuer nicht besteht.[2]

Die brasilianische Münzeinheit ist der Milreis (geschrieben 1$000 = 1 000 Reis), dem als eigentliche, jedoch nur imaginäre Einheit der real (pl. reis) zu Grunde liegt, welch letzterer einen zu geringen Wert hat, als daß er geprägt oder gedruckt würde. An Münzen werden geprägt: Goldmünzen in Stücken von 5$, 10$ und 20$, Silbermünzen in Stücken von 500 Reis, 1$ und 2$, Nickelmünzen in Stücken von 50, 100, 200 und 400 Reis, Kupfermünzen in Stücken von 10, 20 und 40 Reis, Gold- und Silbermünzen trifft man jedoch im Verkehr so gut wie überhaupt nicht an; dafür ist um so mehr Papiergeld im Umlauf, und zwar in Scheinen von 500 Reis, 1, 2, 5, 10, 50, 100, 500 und 1000 Milreis, welche Summe ein „conto de reis (geschrieben 1:000$000) genannt wird. Als Pariwert des Goldmilreis wurde der Satz von 27 englischen pence (27 d) gewählt. Der Wechselkurs war aber von jeher heftigen Schwankungen unterworfen, die zeitweilig in der Marktpreisbildung größte Verwirrung hervorriefen. Seit Gründung der Republik rückte er stark von dem Pariwert ab und erreichte durch eine ins Ungeheuerliche gehende Papiergeldausgabe seinen Tiefststand im Jahre 1898 mit ungefähr $5\frac{1}{2}$ d. Zur Stabilisierung des Wechselkurses wurde im Dezember des Jahre 1906 nach dem Vorbild Argentiniens die „caixa de conversão" (Konversionskasse) geschaffen und als Konversionskurs der Satz von 15 d für 1 Milreis festgesetzt, der später (Gesetz vom 24. 12. 1910) auf das Umtauschverhältnis 16 für 1 erhöht wurde. In den letzten Friedensjahren (1910—1913) hielt sich der Rio-Kurs für 90 Tage Sicht-Wechsel auf London durchschnittlich über 16 d. Unter dem Einfluß des Weltkriegs gestaltete er sich in den Jahren 1914—1918 folgendermaßen (in pence):

---

[1] Die Einführung weiterer Verbrauchssteuern auf Eisenwaren, gemahlenen und gerösteten Kaffee, Butter, Schmuck- und Luxusgegenstände, Waffen und Munition, elektrische Lampen und Zucker ist geplant.

[2] Nach einer neueren Meldung wurde dieser Regierungsvorschlag Ende Dezember 1919 von dem brasilianischen Senat verworfen.

	Höchststand	Tiefststand	Durchschnittskurs
1914	$16^{1/8}$	$10^{1/4}$	$14^{21/32}$
1915	$14^{3/32}$	$11^{3/4}$	$12^{19/32}$
1916	$12^{25/32}$	$11^{1/4}$	$12^{3/32}$
1917	14	$11^{19/36}$	$12^{15/16}$
1918	14	$11^{13/16}$	$13^{3/32}$

Für das Jahr 1919 sind folgende monatlichen Durchschnitts-
kurse zu verzeichnen:

Januar	$12^{61/64}$	Juli	$14^{17/32}$
Februar	$13^{1/32}$	August	$14^{11/32}$
März	$13^{1/8}$	September	$14^{33/64}$
April	$13^{29/64}$	Oktober	$14^{45/64}$
Mai	$14^{5/16}$	November	$16^{29/64}$
Juni	$14^{3/8}$	Dezember	$17^{21/32}$

Bei einem Vorkriegskurs von 16 d war der Papiermilreis in
deutscher Währung ungefähr 1,36 Mark wert. Gegenwärtig ist
die Mark dem Milreis gegenüber stark entwertet. Nach Mitteilungen der „Brasilianischen Bank für Deutschland" wurde Ende
November 1919 die Mark mit 83 Reis, Ende Dezember 1919 mit
79 Reis, Ende Januar 1920 mit 60 Reis und Anfang März 1920
mit 44 Reis bezahlt.[1]

---

[1] In den deutschen Tageszeitungen finden sich meist keine direkten
Notierungen des Papier-Milreis (in Papier-Mark ausgedrückt), wenn
auch solche durch die „Brasilianische Bank für Deutschland" von
Zeit zu Zeit veröffentlicht werden. Dagegen ist regelmäßig die
Londoner Notiz zu finden, mit deren Hilfe man den jeweiligen
Wert der Papiermark in folgender Weise ermitteln kann:
  Wenn in London z. B. nach der Zeitungsmeldung am 6. 3. 1920
notiert wurde: Rio de Janeiro 18 5/16 d, so bedeutet das: Für
18,3125 pence konnte man 1 Milreis Papier kaufen. Unter Zu-
hilfenahme der Londoner Notierung auf Berlin vom selben Tage
$(1\ \pounds = 342,50\ \mathcal{M})$ ergibt sich folgende Rechnung:

$$x \text{ Papier } \mathcal{M} = 1 \text{ Papier } \$$$
$$\text{wenn} \quad 1 \text{ „ } \$ = 18,3125 \text{ d}$$
$$\text{„} \quad 240 \text{ d } (1\ \pounds) = 342,50\ \mathcal{M} \text{ Papier}$$
$$x = \frac{18,3125 \times 342,5}{240}$$

also 1 Milreis Papier = 26,15 Mark Papier.

Diese Berechnung ist freilich nicht ganz genau, weil die sich aus
der Verschiedenheit der Notierung (Kabel-Auszahlung, Scheck oder
90 Tage nach Sicht-Wechsel) ergebenden Zinsdifferenzen unberücksichtigt blieben. Immerhin wird der Leser hiernach den Wert
seiner Barmittel in Milreis ungefähr errechnen können. Für genaue Berechnungen und Kapital-Überweisungen nach Brasilien
empfiehlt es sich, die Hilfe einer der im Anhang genannten deutschen
Banken in Anspruch zu nehmen.

Für Maße und Gewichte ist auf Grund des Gesetzes vom 26. Juni 1862 das metrische System am 1. Januar 1874 in Kraft getreten. Über die Benennung und den Wert der alten Maße und Gewichte, die namentlich im Innern des Landes im gewöhnlichen Verkehr noch vorwiegend gebraucht werden, gibt folgende Zusammenstellung Aufschluß:

Längenmaße.

legua (de sesmaria)	=	3 000 braças	=	6 600 m
milha	=	1 000 braças	=	2 200 ,,
quadra	=	60 varas	=	132 ,,
braça	=	2 varas	=	2,2 ,,
vara	=	5 palmos	=	1,1 ,, .
pé	=	12 pollegadas	=	0,33 ,,
palmo	=	8 pollegadas	=	0,222 ,,
pollega	=	12 linhas	=	0,09 ,,
linha	=	12 pontos	=	2,2 mm

Flächenmaße.

sesmaria de Campos	=	3 leguas quadradas	=	13 068 ha
sesmaria de mattos	= 2 250 000	braças quadradas	=	1 089 ,,
data de campos	=	562 500 ,, ,,	=	272,25 ,,
data de mattos	= 1 125 000	,, ,,	=	544,50 ,,
legua quadrada	= 9 000 000	,, ,,	=	4 356 ,,
alqueire[1] geometrico	=	10 000 ,, ,,	=	4,84 ,,
alqueire paulista	=	5 000 ,, ,,	=	2,42 ,,
geira	=	400 ,, ,,	=	0,1936 ,,
tarefa (Bahia)	=	900 ,, ,,	=	0,4356 ,,
tarefa (Ceará)	= =			0,3630 ,,
tarefa (Alagôas, Rio Gr. do Norte, Sergipe)	= =			0,3025 ,,
quadra (Rio Gr. de Sul)	= =			1,7424 ,,
cincoenta (Parahyba)	= =			1,21 ,,
braça quadrada	=	4 varas quadradas	=	4,84 qm
vara quadrada	=	25 palmos quadrados	=	1,21 ,,
pé quadrado	=	144 pollegadas quadr.	=	0,1089 ,,

---

[1] Die Bezeichnung alqueire dient sowohl als Flächen- wie als Trokkenmaß und bedeutet eigentlich dasjenige Stück Land, auf dem ein alqueire (= 40 l) Mais angepflanzt werden kann. Nach dem alqueire geometrico wird in den Staaten Espirito Santo, Minas Geraes, Rio Grande do Sul und Rio de Janeiro gerechnet. In den Staaten Pernambuco, Rio Grande do Norte, Parahyba, Maranhão, Goyaz, Piauhy usw. führt der alqueire geometrico die Bezeichnung quadra. Der alqueire paulista ist in den Staaten S. Paulo, Santa Catharina und Paraná im Gebrauch. Als Trockenmaß hält der alqueire in Bahia, Paraná, Rio de Janeiro, Rio Grande do Sul und Teilen von Minas Geraes, Espirito Santo sowie S. Paulo 40 l, in Teilen von Bahia 80 l, in Teilen von Maranhão 70 l, in Amazonas, Espirito Santo, Matto Grosso, Minas Geraes, Pará, Piauhy und S. Paulo 50 l, in Ceará und Goyaz 128 l, in Rio Grande do Norte 160 l, in Parahyba 320 l.

Flüssigkeitsmaße.

tonel	=	2 pipas	=	960 l
pipa	=	180 oanados	=	480 „
almude	=	12 canadas	=	31,944 „
canada oder medida	=	4 quartilhos	=	2,662 „
quartilho oder garrafa	=	—	=	0,665 „

Hohlmaße.

moio	=	60 alqueires	=	2 176,2 l
fanga	=	—	=	145,1 „
alqueire	=	4 quartas	=	36,27 „
quarta	=	—	=	9,07 „

Gewichte.

tonelada	=	$13^1/_2$ quintaes	=	793,238 kg
quintal	=	4 arrobas	=	58,758 „
arroba	=	32 libras	=	14,690 „
libra	=	2 marcos	=	0,459 „
marco	=	8 onças	=	229,525 g
onça	=	8 oitavas	=	28,691 „
oitava	=	72 grãos	=	3,586 „
grão	=	—	=	0,0498 „

5. Die Einwanderungsgesetzgebung in Brasilien.

Wie in allen Ländern des Neuen Kontinents bildet auch in Brasilien die Bevölkerungsfrage eines der wichtigsten Probleme des gesamten wirtschaftlichen Lebens des Landes. Für eine rationelle Ausbeutung seiner natürlichen Hilfsquellen, für eine durchgreifende Bewirtschaftung seiner ausgedehnten, bislang zum großen Teil noch nicht unter Kultur stehenden Ländereien, für eine richtige Ausnutzung aller sich bietenden wirtschaftlichen Möglichkeiten sind die eigenen Arbeitskräfte Brasiliens durchaus unzureichend, so daß das Land noch Tausende und Abertausende von arbeitswilligen Menschen aufnehmen kann,[1] ohne daß Bevölkerungsdichte oder Existenzschwierigkeiten diese zu fortgesetzten Wanderungen zwängen. Daher wendet sich auch alljährlich dem Lande ein starker Einwandererstrom zu, dessen Entwicklung in direktem Zusammenhang mit den von der brasilianischen Regierung den Einwanderern gewährten Vorteilen steht. Die Vorschriften für den brasilianischen Bevölkerungsdienst, der nach zehnjähriger Unterbrechung durch Gesetz vom

---

[1] Deutsche Auswanderer seien jedoch hier ausdrücklich auf die S. 118ff. dargelegten Schwierigkeiten aufmerksam gemacht; für sie kommt in der Hauptsache nur eine Ansiedelung als Ackerbauer in den Südstaaten Brasiliens in Betracht.

19. April 1907 wieder hergestellt wurde, sind in dem Bundesdekret Nr. 9981 vom 3. November 1911 enthalten, dessen wesent-
lichste Bestimmungen in der vom deutschen Reichswanderungsamt
mitgeteilten Fassung hier Raum finden mögen, wobei allerdings
nicht verschwiegen werden soll, daß gerade in bezug auf die Einwanderung und Ansiedelung in Brasilien oft ein großer Unterschied zwischen den bestgemeinten Bestimmungen und der wirk-
lichen Praxis besteht. Das brasilianische Einwanderungsgesetz
ist in vielen Punkten nur ein Programm und gibt lediglich
ein Bild davon, was dem Einwanderer geboten werden soll, so
daß sich dieser keineswegs darüber wundern darf, wenn die bestehenden Vorschriften nicht überall streng durchgeführt werden:

1. Einwanderern wird die Landung gestattet, wenn sie nicht
an ansteckenden Krankheiten leiden, nicht arbeits-
unfähig sind, keinen unehrlichen Beruf ausüben, nicht als
Verbrecher, Unruhestifter, Vagabunden, Bettler,
Irrsinnige oder Krüppel festgestellt wurden und nicht
älter als 60 Jahre sind. Über 60 Jahre alte und arbeitsunfähige Personen werden nur dann zugelassen, wenn sie
sich in Begleitung ihrer Familien befinden oder sich zu
diesen begeben, vorausgesetzt, daß in derselben Familie
wenigstens eine arbeitsfähige Person für eine arbeitsunfähige
oder für eine bis zwei über 60 Jahre alte Personen vorhanden ist.

2. Über Alter, Beruf, Führung, nötigenfalls (z. B. bei über
60jährigen) auch über das Verwandtschaftsverhältnis, sind
Papiere beizubringen, die von dem im Einschiffungshafen
befindlichen Einwanderungsbeamten der brasilianischen Regierung oder von einem brasilianischen Konsul mit Sicht-
vermerk zu versehen sind.

3. Alle ungeeigneten Personen (worunter die brasilianische
Regierung zurzeit besonders alle Elemente begreift, die
staatsfeindliche Bestrebungen fördern) müssen von
den brasilianischen amtlichen Vertretern und Beauftragten
im Ausland mit allen erforderlichen Mitteln an der Einwanderung nach Brasilien verhindert werden.

4. Die brasilianische Regierung verspricht besonders landwirtschaftlichen Einwanderern, die mit Familie ankom-
men, weitestes Entgegenkommen. Insbesondere werden denjenigen dieser Einwanderer, die sich nach Bundeskolonien,
d. h. von der Bundesregierung gegründeten Ansiedelungen,
begeben, folgende Vergünstigungen zugesagt: Unentgeltliche
Beförderung auf den Eisenbahnen oder Fahrstraßen bis
zu dem Sitz der Kolonie, Verpflegung für 3—6 Tage, für
die Dauer der ersten 6—8 Monate Arbeits- und damit Ver-
dienstgelegenheit bei dem Bau von Straßen, freie Arznei-
mittel und unter Umständen auch freie ärztliche Behandlung

während des ersten Jahres der Niederlassung, Verteilung von Arbeitsgerät, Sämereien und Pflanzen.

5. Früher erstattete die Bundesregierung denjenigen Einwanderern, die Landwirte waren, Familien von mindestens drei Personen im Alter von über 12, aber weniger als 50 Jahren bildeten, arbeitsfähig waren und sich in Bundeskolonien niederließen, auf Antrag die Kosten der Überfahrt vom Ausland bis zu einem brasilianischen Hafen im Zwischendeck in bar zurück. Dies geschieht jetzt nicht mehr. Die Bundesregierung rechnet aber derartigen Einwanderern die Überfahrtkosten auf die Landschuld an.[1]

Nach der Landung der Einwanderer im Hafen von Rio de Janeiro tritt der von der Regierung eingerichtete Empfangs-, Beherbergungs-, Unterhalts- und Beförderungsdienst in Tätigkeit. Die Einwanderer werden von Dolmetschern, die die hauptsächlichsten europäischen Sprachen sprechen, im Namen der brasilianischen Regierung empfangen und nach Erledigung der vorgeschriebenen Formalitäten, Angabe des Namens, der Nationalität, des Berufs, der verwandtschaftlichen Beziehungen, des Bestimmungsorts usw., der Einwandererherberge (Hospedaria), die auf der 50 Minuten von der Stadt entfernten „Ilha das Flores" eingerichtet ist, zugeführt, wo sie für drei bis höchstens acht Tage unentgeltliche Unterkunft und Verpflegung erhalten. Auf der Überfahrt erkrankte Einwanderer haben Anspruch auf kostenfreie ärztliche Behandlung und unentgeltliche Lieferung der verordneten Medikamente.

So entgegenkommend auch die Vorschriften der brasilianischen Einwanderungsbehörden gehalten sind, so will doch auf der anderen Seite die brasilianische Regierung naturgemäß alle jene Elemente ihrem Lande fernhalten, die infolge eines physischen Gebrechens oder moralischen Defektes einer erfolgreichen Mitarbeit unfähig sind. In diesem Sinne wurde im Jahre 1917 dem Nationalkongreß ein Entwurf zu einigen ergänzenden Ausführungsbestimmungen der Einwanderergesetzgebung zur Beratung vorgelegt. Ein ausführliches und genau ausgearbeitetes neues Gesetz über die Regelung und Seßhaftmachung von Einwanderern befindet sich zurzeit noch in Bearbeitung; auch die Einzelstaaten sind mit der Frage der Besiedelung eifrig beschäftigt. Voraussichtlich wird man aber auch in dem neuen Einwanderungsgesetz alle denkbaren Erleichterungen gewähren und den Begriff der „geschlossenen Siedelung" sehr weitherzig und entgegenkommend fassen, auch wenn man zu verhindern suchen wird, daß sich die Ansiedler weiterhin zu Kolonisten im griechisch-römischen Sinn des Wortes entwickeln.

---

[1] Wegen der kostenlosen Beförderung von Auswanderern von Rotterdam nach Brasilien verweisen wir auf das im Anhang (Seite 131) abgedruckte Rundschreiben des Reichswanderungsamtes.

6. Die rechtliche Stellung des Fremden in Brasilien.

Die rechtliche Stellung der Fremden in Brasilien ist die denkbar freieste. Sie sind vor der Verfassung und den Gesetzen den Brasilianern vollkommen gleichgestellt, nur die politischen Rechte bleiben ihnen versagt. Hinsichtlich ihrer bürgerlichen Rechte genießen sie in manchen Punkten insofern eine bevorzugte Stellung vor den Einheimischen, als für sie besondere Abmachungen auf dem Gebiete des internationalen privaten Rechts[1] bestehen. Gleich den brasilianischen Bürgern haben die Fremden verfassungsgemäß das freie Versammlungsrecht, das Recht der freien Meinungsentfaltung, der Vertretung bei der öffentlichen Gewalt und des Erwerbs von Gütern jeder Art. Sie können jede Religion öffentlich und frei ausüben und sich zu diesem Zwecke versammeln.

Nach dem Bundesdekret vom 12. Dezember 1907 (Ausführungsbestimmungen vom 14. Mai 1908) wird die gebührenfreie Naturalisierung an Ausländer gewährt, die einen entsprechenden Antrag an die Bundesregierung richten und unter Angabe ihrer Familienverhältnisse sowie ihres Gewerbes urkundlich beweisen: 1. Identität der Person, 2. Großjährigkeit gemäß dem Gesetz, 3. Niederlassung in Brasilien seit mindestens zwei Jahren, 4. Gutes moralisches und bürgerliches Verhalten laut amtlicher Bescheinigung. Von der Erfordernis zweijährigen Aufenthalts kann abgesehen werden bei Personen, die a) mit einer Brasilianerin verheiratet sind, oder b) Grundbesitz in Brasilien haben, oder c) an einer industriellen Niederlassung beteiligt sind, einen für das Land nützlichen Industrieartikel erfunden oder eingeführt haben, oder d) sich durch ihre Talente oder ihre Gelehrsamkeit bezw. durch gewerbliche Geschicklichkeit in irgend einem Industriezweig empfehlen, und e) bei dem Kinde eines naturalisierten Ausländers, das vor der Naturalisation des Vaters außerhalb Brasiliens geboren ist. Die Naturalisierten treten in den Besitz aller bürgerlichen und politischen Rechte, d. h. sie können zu allen öffentlichen Ämtern und Verrichtungen zugelassen werden, mit der einzigen Ausnahme der Bekleidung des Amtes des Präsidenten oder Vizepräsidenten der Republik. Zur Besetzung einer Senatoren- oder Deputiertenstelle im Nationalkongreß ist der Besitz der brasilianischen Staatsangehörigkeit seit sechs bezw. vier Jahren erforderlich. Hinsichtlich des Verhältnisses des Naturalisierten zum Ursprungsstaat bestimmt das Gesetz, daß die Naturalisierung den Naturalisierten nicht von den Verpflichtungen befreit, die er

---

[1] Eine gute Darstellung des internationalen privaten Rechts Brasiliens gibt: Rodrigo Octavio, Le droit international privé dans la législation brésilienne. Paris 1915 (Librairie de la Société du Recueil Sirey, 22, rue Soufflot).

vor der Aufnahme seinem ersten Vaterlande gegenüber hatte. Die
Ehefrau des Naturalisierten erhält die Nationalität des Ehemanns.[1]
Versagt wird die Naturalisierung allen denjenigen Ausländern,
die in Brasilien oder im Auslande jemals wegen Tötung, Dieb-
stahls, Raubs, Bankrotts, Fälschung, Zollschmuggels, Unter-
schlagung, Falschmünzerei oder Kuppelei angeklagt (!) oder
verurteilt wurden.

Als brasilianische Staatsbürger werden nach dem Naturalisierungsgesetz gemäß der Verfassung Art. 69, 1—6 betrachtet:
1. Die in Brasilien Geborenen, selbst wenn der Vater Ausländer
ist, es sei denn, daß er im Dienste seiner Nation in Brasilien seinen
Wohnsitz hatte; 2. die Kinder eines Brasilianers und die unehe-
lichen Kinder einer Brasilianerin, welche im Ausland geboren
sind, für den Fall, daß sie ihren Wohnsitz in der Republik nehmen;
3. die Kinder eines Brasilianers, der im Dienst der Republik in
einem anderen Lande weilt, auch wenn sie nicht nach Brasilien
kommen; 4. die Ausländer, die sich am 15. November 1889 in
Brasilien befanden und nicht bis zum 24. August 1891 die Er-
klärung abgaben, daß sie ihre ursprüngliche Nationalität beibe-
halten wollten; 5. die Ausländer, die unbewegliche Güter in Brasilien besitzen und mit Brasilianerinnen verheiratet sind, vorausgesetzt, daß sie ihren Wohnsitz in Brasilien haben und nicht
die Absicht, ihre Nationalität beizubehalten, zu erkennen geben;
6. die Ausländer, die auf Grund des obengenannten Gesetzes ihre
Naturalisierung beantragen.

Das Gesetz vom 7. Januar 1907 gibt der brasilianischen Regierung die notwendigen Handhaben, lästige Ausländer aus
ihrem Staatsgebiet auszuweisen. Als solche werden betrachtet:
Ausländer, die aus irgend einem Grund die Staatssicherheit oder
die öffentliche Ruhe gefährden, ferner solche, die wegen eines
Verbrechens oder Vergehens des gemeinen Rechts von einem
ausländischen Gericht verurteilt wurden oder strafrechtlich verfolgt werden; solche, die mindestens zweimal von einem brasilianischen Gericht wegen eines Verbrechens oder Vergehens des
gemeinen Rechts verurteilt worden sind. Ausgewiesen wird auch
der Ausländer, der als Landstreicher umherzieht, bettelt oder sich
der Kuppelei schuldig macht. Die Ausweisung eines Ausländers
ist jedoch unzulässig, wenn er sich seit wenigstens zwei Jahren
ständig in Brasilien aufhält oder — wenn auch nicht so lange —
entweder mit einer Brasilianerin verheiratet oder verwitwet ist
und ein Kind hat, das brasilianischer Staatsangehörigkeit ist.
Die Ausweisung erfolgt durch Verfügung des Ministers der Justiz

---

[1] Nach einer Entscheidung des Obersten Bundesgerichts vom 26. 1.
1907 behält eine Brasilianerin als Ehefrau eines Ausländers ihre
Nationalität; eine Ausländerin dagegen, die einen Brasilianer hei-
ratet, wird Brasilianerin.

und des Innern. Dem Ausländer, der ausgewiesen werden soll, wird eine Frist von drei bis zehn Tagen gesetzt; auch kann er bis zur Abreise in Haft genommen werden. Während dieser Frist kann von seiten des Ausländers bei der ausweisenden Behörde oder der richterlichen Gewalt mit aufschiebender Wirkung Beschwerde erhoben werden. Der Widerruf der] Ausweisung ist zulässig. Unberechtigter Wiedereintritt wird mit Gefängnis von ein bis drei Jahren bestraft.[1]

7. Ansiedelung und Landerwerb.

Für viele scheint der Anreiz zur Auswanderung vor allem darin zu liegen, daß sie sich unter jedem exotischen Lande eine Art Eldorado vorstellen, wo sich ihnen auf Schritt und Tritt Gelegenheit bietet, rasch und mühelos ein Vermögen zu erwerben; anders wären die bitteren Enttäuschungen, die so manche erleben, wenn sie im fremden Lande die rauhe Wirklichkeit empfängt, kaum verständlich, auch nicht die abfälligen Kritiken, Beschwerden und Klagen, die sie dann nach ihrer Repatriierung über das Land, in dem sie zu Gaste waren, in einer urteilslosen Presse verbreiten. Für solche Elemente ist in Brasilien kein Platz. "¡Atraigamos el brazo herculeo del colono que transforma los criales en jardines!" schrieb Carlos M. Maeso hinsichtlich Uruguays. Diesen ,,herkulischen Arm des Kolonisten", der, an roheste Handarbeit gewöhnt, oft wochenlang Tag für Tag den Urwald ausrodet, um Raum zu schaffen für die Kulturen, die ihn und seine Familie ernähren sollen, braucht auch Brasilien. Es braucht Leute zur Bevölkerung seines Bodens, Menschen, die einwandern und seßhaft werden wollen, Kleinbauern, die nach einigen Jahren rastloser und schwerster Arbeit bei eisernem Fleiß und größter Sparsamkeit allmählich zu einem gewissen Wohlstande gelangen können, wobei jedoch dieser Begriff nicht zu falschen Schlüssen verleiten darf. ,,Wenn man in Deutschland meint," schreibt[2] ein deutscher Ansiedler aus Neu-Württemberg (Rio Grande do Sul), ,,ein wohlhabender Kolonist brauche hier nicht mehr viel zu arbeiten, so täuscht man sich gewaltig. Wohlhabend ist hier der Kolonist, der auf eigenem (bezahltem) Lande sitzt, Haus, Stallung und Schuppen in gutem Stande hat, eine große Pflanzung besitzt, und bei dem sich ein

---

[1] Sowohl über die Ausweisung wie Naturalisierung von Ausländern sind zurzeit neue, verschärfende Gesetze in Bearbeitung.
[2] Vgl. Klössel, M. H., Deutsche Kolonisation in Südamerika; Zeitschrift für Kolonialpolitik, Kolonialrecht und Kolonialwirtschaft. Berlin, Juni 1906.

paar Pferde, Ochsen und Kühe auf der eingehegten Weide tum-
meln, der ferner 50—100 Schweine und eine Menge Geflügel sein
Eigentum nennt und dem es schließlich nicht an Bargeld fehlt.
Aber an Arbeit hat so ein wohlhabender Kolonist jahraus, jahr-
ein die schwere Menge samt seiner zahlreichen Familie."
Wenn wir uns der Frage zuwenden, wer überhaupt für eine
Ansiedelung in Brasilien geeignet ist, so können wir uns dem
Urteil von Wolff[1] anschließen, nach dem eine solche nur für gesunde und kräftige Leute, die, mit Ackerbau und Landarbeit seit
frühester Jugend vertraut, verheiratet sind und über Barmittel
— außer den derzeitig sehr hohen Reisekosten[2] — in Höhe von
mindestens 3000—4000 Milreis, d. h. bei dem Kursstande vom
1. Februar 1920 etwa 50 000—65 000 Mark, verfügen, in Betracht
kommt. „Ledige Leute, die nicht bedeutend größere Mittel
haben, finden erfahrungsgemäß nie ihr Fortkommen als Kolonisten,
aber auch Familien, die mittellos sind oder nur ungenügende
Mittel zur Verfügung haben, sind vor einer Auswanderung nach
Brasilien zu warnen. Der Mangel an Barmitteln erschwert das
Fortkommen der Kolonisten in so hohem Grade, daß nur wenige
über die ersten schweren Jahre hinwegkommen und, erst, nachdem diese überstanden sind, auf eine befriedigende Lage rechnen
können." Für völlig mittellose Ansiedler, die sich zunächst Verdienst und Arbeit am Straßenbau suchen müssen, wird der
Anfang sehr, sehr schwer werden. „Außer körperlicher Rüstigkeit
und Gesundheit gehört, um diese schwere Anfangszeit durch-
zumachen, keine geringe moralische Zähigkeit und Energie dazu,
sich in der Hoffnung auf eine bessere Zukunft große Entbehrungen
aufzuerlegen. Schmalhans wird zuerst Küchenmeister sein, und
Leckerbissen gibt es nicht. Mandiokamehl (farinha), schwarze
Bohnen und „carne secca" (Trockenfleisch) werden die erste Zeit
fast die einzigen Nahrungsmittel sein, selbst Kaffee wird man in
diesem Kaffeelande anfangs nicht immer kaufen können und ihn
durch gebrannten Mais, Reis, Bataten oder Matte ersetzen müssen.
Weizenmehl zu Speisen und zum Brotbacken wird in der Anfangszeit nicht allzuhäufig und allzuviel ins Haus kommen; Maismehl und Farinha müssen da Ersatz bieten.
Fast schwerer noch als die Entbehrungen materieller Natur
wird vielen der Mangel geistiger Genüsse, Vergnügungen und Zer-
streuungen sein. Theater, Konzerte und Kinos hat man im Urwald nicht, und die sonntäglichen Spaziergänge nach Bierschänken
und Tanzlokalen fallen fort. Zum Tanzen hat man weder Zeit
noch Lust, wenn nicht ab und zu ein kleines Familienfest be-
freundete Familien zusammenführt.

---

[1] Wolff, A., Brasilien, ein Beitrag zur Landeskunde usw., Berlin o. J.
[2] Siehe Seite 128.

Man erwarte in Brasilien kein romantisches Schlaraffenleben. Die Arbeit ist überall höchst prosaisch. Man träume nicht von großen Jagden und reichem Fischfang, woneben ab und zu einmal zum Vergnügen gearbeitet wird. Die Enttäuschung wäre bitter. So reich die Natur die aufgewandte Mühe lohnt und so üppig alles wächst, und so reichen Ertrag die Saat gibt, immer aber wird Arbeit, und zwar schwere Arbeit in Regen und Sonnenschein, bei Wind und Wetter erfordert." (Leyfer, a. a. O., S. 447f.).

Das brasilianische Kolonisationsgesetz vom Jahre 1911, das drei verschiedene Arten von Kolonisation vorsieht: 1. durch die Bundesregierung, 2. durch die Regierungen der Einzelstaaten, 3. durch Transportgesellschaften (Eisenbahn-, Straßenbau- und Schiffahrtsunternehmungen), sowie durch Landgesellschaften und Privatpersonen, wendet sich denn auch in der Hauptsache an solche Einwanderer, die an Landarbeit gewöhnt, in Brasilien eigenen Grundbesitz erwerben und bewirtschaften wollen.

Die einzelnen in den Bundeskolonien[1] zum Verkauf angebotenen Landlose (Urwald!) sind durchschnittlich 25 ha (= 100 Morgen) groß. Der Preis für einen Hektar beträgt je nach Lage des Loses und Güte des Bodens 8—30 Milreis. Es ist im allgemeinen Abzahlung der Landschuld gestattet, die aber in spätestens 8 Jahren getilgt sein muß. Erst nach vollständiger Bezahlung des Landes wird der Kolonist gesetzmäßiger Besitzer seines Landloses, und es wird ihm eine endgültige Besitzurkunde des Eigentumsrechts des Loses ausgestellt. In diesen Besitztitel wird auf Antrag des Erwerbers die Klausel des „Homestead" (Heimstätte) aufgenommen, derzufolge 10 ha seines Besitzes mit dem, was darauf ist (Haus, Pflanzungen usw.), bis zum Höchstwert von 5 Contos geschützt sind, d. h. ihm niemals genommen werden können und zu keiner Zeit irgend einer Last oder Verantwortlichkeit in Exekution für Schulden unterliegen. Im Falle des Ablebens eines Ansiedlers geht das ländliche Anwesen unter derselben Besitzform auf seine Frau und Kinder über.

Kein Kolonist sollte es versäumen, sich wegen der damit verbundenen Vorteile in den „Registro de Lavradores, Criadores e Profissionaes de Industrias Connexas" (Landwirtschaftsministerium, Rio de Janeiro) eintragen zu lassen.

In bestimmten Koloniegruppen, die von Einzelstaaten oder Eisenbahn- und Landgesellschaften unterhalten werden, weichen die Zahlungsbedingungen in manchen Punkten von dem oben Ausgeführten ab. Eingehende Auskünfte über alle

---

[1] Einer Mitteilung der Einwanderer-Beratungsstelle der „Deutschen Kolonie" in Rio de Janeiro zufolge sind zurzeit die vorhandenen Koloniegruppen der Bundesregierung besetzt. Ob die Union noch weiterhin eigene Koloniegruppen schaffen wird, ist noch nicht bekannt.

Einzelheiten der Ansiedlung sind von dem „Serviço de Informações do Ministerio da Agricultura" in Rio de Janeiro, zu erfahren. Die Zentralbehörde für das Siedelungswesen ist die „Directoria do Serviço do Povoamento do Solo", Ministerio de Agricultura, in Rio de Janeiro (Praia Vermelha). Daß neben dieser Art von Landerwerb unter Inanspruchnahme der von dem brasilianischen Bevölkerungsdienst gewährten Vergünstigungen natürlich auch in Brasilien der in aller Welt bekannte unmittelbare Kauf von privaten Eigentümern der üblichste Weg zur Ansiedelung ist, bedürfte keiner besonderen Erwähnung, wenn nicht die außerordentliche Verschlechterung der deutschen Valuta bestände. Unter den derzeitigen Verhältnissen kann tatsächlich nur derjenige an den Erwerb einer Fazenda oder eines bereits bewirtschafteten Kolonieloses denken, der wirklich über ganz bedeutende Summen verfügt. Die in einzelnen Staaten zum Verkauf stehenden Privatländereien und Fazendas werden auf Anfrage von der obengenannten Zentralbehörde für das Siedelungswesen bekannt gegeben. Über Grund- und Bodenpreise hier nähere Angaben zu machen, halten wir für verfehlt, da deren richtige Bewertung der Überfülle der dabei mitspielenden Faktoren — Lage, Bodenbeschaffenheit, Waldbestand, Nähe von Verbrauchszentren, Verkehrsmöglichkeiten usw. — nur an Ort und Stelle erfolgen kann. Unter 10—15 Contos, d. h. nach dem Kursstand vom 1. Februar 1920 etwa 165 000—250 000 Mark, dürfte aber ein einigermaßen rentierendes, bereits unter Kultur stehendes Kolonielos kaum zu haben sein. In der Nähe größerer Konsumzentren käme dann noch der Erwerb einer sogenannten „chacara" oder „quinta", d. h. eines kleineren Landgutes von 4—6 ha, in Frage, auf denen fast ausschließlich Gemüse- und Obstbau sowie Geflügelzucht betrieben werden und deren Erzeugnisse zu guten Preisen in der benachbarten Stadt abgesetzt werden können. Ackerbau wird auf einer solchen Chacara nur soviel getrieben, als der Besitzer für den eigenen Hausstand braucht. Je nach Lage und Größe könnte ein derartiges Landgütchen für 3—6 Contos, d. h. etwa 50 000—100 000 Mark (1. Februar 1920) erworben werden.

Von einer weiteren Art von Landerwerb, dem sogenannten Halbpacht- oder Parceriasystem, das wie in vielen südamerikanischen Staaten auch in Brasilien üblich ist und darin besteht, daß der Pächter von einem Großgrundbesitzer ein Stück Land zur Bewirtschaftung erhält, aus dessen Erträgnissen er jährlich einen nicht unbeträchtlichen Teil an den Besitzer abliefern und außerdem noch alljährlich die erhaltenen Vorschüsse amortisieren muß, soll hier ausdrücklich gewarnt werden, da es nicht selten vorkommen kann, daß der Kolonist in vollkommene Abhängigkeit von seinem Pachtherrn gerät.

*

3*

Über die zur Ansiedelung von deutschen Einwanderern aus klimatischen Gründen vorwiegend in Betracht kommenden Südstaaten Paraná, Santa Catharina und Rio Grande do Sul mögen hier noch einige nähere Ausführungen hinsichtlich der dortigen Kolonisationszentren gemacht werden: Paraná. Paraná ist wohl mit São Paulo zusammen derjenige Staat Brasiliens, der der Einwanderungsfrage am meisten Aufmerksamkeit geschenkt hat. Im letzten Vorkriegsjahre zählte er 112 Koloniegruppen (8 federale, 78 einzelstaatliche, 14 gemeindliche, 12 private), die neben einheimischen Elementen in der Hauptsache von polnischen, deutschen, italienischen und holländischen Kolonisten besiedelt sind. Der größte Teil dieser Koloniegruppen liegt im Innern des Staates in den Munizipien: Curityba, S. José dos Pinhães, Piraquara, Colombo, Tamandaré, Campo Largo, Bocayuva, Serro Azul, Araucaria, Lapa, Rio Negro, Palmeira, S. Matheus, Pôrto União, Guarapuava, Prudentopolis, Imbituva, Ypiranga, Conchas, Entre Rios, Ponta Grossa, Iraty und Castro, während sich im Küstengebiet einige Kolonisationszentren in den Munizipien: Antonina, Paranaguá, Porto de Cima, Morretes und Guarakessava finden. Von den Koloniegruppen in der Umgegend der Hauptstadt Curityba sind vor allem Argelina, São Ignacio, Santa Candida, Orléans, Dom Pedro, Dom Augusto, Santa Felicidade, Abranches sowie endlich Affonso Penna zu nennen.

An Bundeskolonien bestanden in diesem Staate im Jahre 1918 folgende:

1. „Ivahy" (16 274 ha Flächeninhalt, gegründet am 10. Dezember 1907). Diese Kolonie liegt im Norden des Staates und erstreckt sich von dem Weichbild der Stadt Bomjardin (Distrikt Ypiranga) bis zum Ivahyflusse im Distrikt Guarapuava. Das Klima ist gesund, die mittlere Jahrestemperatur beträgt 20⁰ (Minimum 1⁰ im Juni, Maximum 34,9⁰ im Januar). Die Bevölkerung setzte sich vor dem Kriege in der Hauptsache aus österreichisch-polnischen und deutschen Kolonisten zusammen. Angepflanzt werden Mais, Bohnen, Gerste, Weizen, Roggen, Hafer, Kartoffeln, Gemüse usw.

2. „Tayo" (1 554 ha Flächeninhalt, gegründet am 15. Juni 1909) liegt in der Nähe der Kolonie Ivahy, 5 km von der Stadt Ypiranga entfernt. Die klimatischen und Produktionsverhältnisse sind die gleichen wie in Ivahy. Die Bevölkerung ist vorwiegend österreichisch-polnisch und deutsch.

3. „Iraty" (6 240 ha Flächeninhalt, gegründet am 30. August 1908). Diese Kolonie liegt 18 km von der Stadt Iraty (Eisenbahnstation der Linie S. Paulo—Rio Grande) entfernt. Neben den obenerwähnten Getreidearten und Hülsenfrüchten widmet sich die Kolonie erfolgreich dem Anbau von Reben, Obstbäumen, Mandioka, Tabak, Zwiebeln usw.

Sie ist größtenteils von deutschen, holländischen und russischen Kolonisten bevölkert.

4. „Itapará" (17 946 ha Flächeninhalt, gegründet am 20. Januar 1909) im Distrikt Prudentopolis hat dieselben klimatischen Bedingungen wie Iraty. Die mittlere Jahrestemperatur beträgt 19° (Minimum —5° im Juli, Maximum 24,8° im November).

5. „Vera Guarany" (17 946 ha Flächeninhalt, gegründet am 20. Januar 1909) liegt im Süden des Staates, 6¹/₂ km von der Station Paulin Frontin (Eisenbahnlinie S. Paulo—Rio Grande) entfernt.

6. „Senador Correia" im Distrikt Prudentopolis gelegen, 43 km von der gleichnamigen Stadt entfernt, wurde am 15. Juli 1908 gegründet. Sie umfaßte im Jahre 1918 einen Flächeninhalt von 14 964 ha und ist in der Hauptsache von ruthenischen, polnischen und russischen Familien besiedelt.

7. „Jesuino Marcondes" (1 480 ha Flächeninhalt, gegründet am 15. Juli 1908) liegt 18 km von der Stadt Prudentopolis entfernt und hat wie „Senador Correia" fast ausschließlich slavische Bevölkerung.

8. „Cruz Machado" liegt in einer Höhe von 1100 m über dem Meeresspiegel auf dem Plateau der „Serra d'Esperança" im Distrikt Guarapuva, 50 km von der Station Maréchal Mallet der S. Paulo—Rio Grande-Bahn entfernt. Der Flächeninhalt der Gesamtländereien dieser Kolonie betrug im Jahre 1918 73 087 ha.

9. „Apucarana" (35 200 ha Flächeninhalt), 12 km von Therezina entfernt, wurde am 1. Januar 1912 gegründet. Sie war Ende 1912 bereits von 155 Familien (darunter keiner deutschen) besiedelt.

10. „Yapó" ist eine im Jahre 1913 neu gegründete Kolonie im Distrikt Castro, die als sehr aussichtsreich gilt.

An Staatskolonien gab es bis' zum Jahre 1918 in Paraná nur eine: „Affonso Penna" im Munizip São José dos Pinhães, etwa 19 km südlich von Curityba, deren Lose jedoch bereits im Jahre 1912 bis auf 10 vergeben waren. „Nova Galicia", das, etwa 32 km von Ponta Grossa entfernt, an der Eisenbahnstrecke São Paulo—Rio Grande liegt, wird durch die „Brazil Railway Company"[1] besiedelt. Hinsichtlich der Kolonisation im Staate Paraná ist noch zu bemerken, daß von den oben erwähnten Bundes-

[1] Die kolonisatorische Tätigkeit der ‚Brazil Railway Company" erstreckte sich in den Jahren 1909—1916 auf die Gründung der folgenden 13 Kolonien: Nova Galicia, Faxina, Carambehy, Rio Bonito, Rio do Peixe, Rio Uruguaya, A. Rebouças, Herval, Rio Capinzal, Rio das Pedras, Savoia, Capella und Rio das Antas. Der Preis eines einzelnen Loses dieser Kolonien schwankt zwischen 650 $ und 1:500 $

kolonien Ivahy, Iraty, Vera Guarany, Itaparà, Jesuino Marcondes
und Tayó seit 16. April 1913 emanzipiert, d. h. selbständige Ge-
meindebezirke sind, so daß deshalb für diese Kolonien die durch
die Einwanderungsgesetze gewährten Vergünstigungen und Unterstützungen fortfallen.

Santa Catharina. Eine stattliche Anzahl der bedeutendsten
und blühendsten Städte dieses Staates wie Joinville, Blumenau[1],
São Bento, Brusque, Nova Trento, Urussanga, Itajahy, Pal-
hoça usw. und außerdem kleinere Orte wie Therezopolis, Angelina,
Luiz Alves, Jaraguá, Capivary, Nova Treviso, Nova Belluno,
Orléans, Azambuja, Pedras Grandes, Pinheiral, Nova Veneza,
Cocal, Cresciuma usw. usw. verdanken ihre Entstehung fremder,
in erster Linie deutscher, italienischer und polnischer Koloni-
sationstätigkeit, die mit der Einführung der ersten Einwanderer
im Jahre 1828 einsetzte und im Laufe eines halben Jahrhunderts
Zehntausende von Quadratkilometern aus fast undurchdringlichem
Urwald in fruchtbare, kultivierte Ländereien umwandelte.

An neueren Kolonien wurden mit Unterstützung der Bundesregierung in Santa Catharina folgende drei gegründet:

1. „Annitapolis", das im Süden des Staates etwa 22 km von
der alten Kolonie Therezopolis entfernt liegt. Die Kolonie
ist in der Hauptsache von Deutschen besiedelt, deren Zahl
für das Jahr 1913 auf 1793 Personen angegeben wird, von
denen jedoch die meisten die Kolonie neuerdings verlassen
haben sollen.

2. „Esteves Junior", im Jahre 1910 gegründet, befindet
sich im Distrikt Tijucas, etwa 125 km von Florianopolis
entfernt. Die Kolonie hat einen Flächeninhalt von annähernd 1520 qkm. Im Mai 1913 war sie von 225 Familien,
darunter 150 deutschen, besiedelt.

3. „Rio Branco", im Munizip Joinville, liegt etwa 28 km von
der Station Joinville und 3 km von der Station Bananal
entfernt. Die Kolonie wurde im Jahre 1913 gegründet.

Hinsichtlich der privaten Kolonisationstätigkeit, die in
diesem Staate von der „Hanseatischen Kolonisationsge-

---

[1] Wir müssen es uns leider versagen, das segensreiche kolonisatorische
Werk von Dr. Hermann Blumenau in Südbrasilien sowie seiner
treuen Mitarbeiter Friedenreich, Wendeburg, Freygang, Kleine,
Krohberger, Odebrecht usw. hier gebührend zu würdigen und uns
mit einem Hinweis begnügen auf: Wettstein, Brasilien und die
deutsch-brasilianische Kolonie Blumenau. Leipzig, 1907; Gern-
hard, R., Dona Francisca, Hansa und Blumenau. Breslau, 1901;
Buehler, F., Dona Francisca, 70 Jahre deutscher Kulturarbeit
im Staate Santa Catharina. Berlin-Wilmersdorf, 1919; Moltmann,
B. H., Deutsche Siedelung in Südbrasilien. Gotha, 1918; Jan-
nasch, Deutsche Arbeit in Südamerika. „Export", Jhrg. 1916,
Nr. 10—13; Sellin, A. W., Zur Geschichte des Deutschtums in
Brasilien. Berlin, 1918, Sonderabzug aus dem „Export", Organ des
„Zentralvereins für Handelsgeographie usw."

sellschaft" in den Munizipien von Joinville und Blumenau (Itajahy-Hercilio, Itapocú, São Bento und Pirahy), von der „Companhia de Colonisação e Industria de Santa Catharina" in Palhoça, von „Pedro de Freitas Cardoso Erben" in Sahy (Munizip São Francisco) sowie endlich von der „Brazil Railway Company" längs des Rio do Peixe — die in Frage kommenden Kolonien heißen: „Rio do Peixe". „Rio das Antas" und „Rio Bonito" — betrieben wird, dürfte in erster Linie wohl das Unternehmen der zuerst aufgeführten Gesellschaft zu nennen sein, das auch von dem deutschen Reichswanderungsamt als empfehlenswert bezeichnet wird.[1]

Rio Grande do Sul. Ähnlich wie in Santa Catharina sind auch im Staate Rio Grande do Sul eine Reihe heutigentags blühender Munizipien Gründungen deutscher und italienischer Kolonisten.[2] „Die erste Ansiedlung Deutscher", schreibt Wolff[3], „hatte schon zu Anfang des vorigen Jahrhunderts[4] unter dem Kaiserreich im Staate begonnen; damals wurde besonders die Kolonisation des heutigen Munizips São Leopoldo in Angriff genommen, dazu kamen später die Ländereien bei Hamburgerberg (Piedade), Novo Hamburgo, Mundo novo am Rio dos Sinos, Nova Petropolis, ferner das Cahytal mit Montenegro und São Sebastião de Cahy, das Taquarytal mit Estrella, Lageado, Teutonia, das Rio Pardogebiet mit Santa Cruz, Monte Alverne, Rio Pardense und Villa Germania, der obere Jacuhy mit Santo Angelo und endlich Santa Maria da Bocca do Monte."

Im Jahre 1874 setzte die italienische Kolonisationsarbeit mit der Gründung von Conde d'Eu ein, das heute das bedeutende Munizip Garibaldi bildet. Ein Jahr später entstanden D. Isabel (das heutige Bento Gonçalves) und Caixas und in den Jahren 1885/86 die nördlichen Kolonien Alfredo Chaves und Antonio Prado. Russen und Polen gründeten im Jahre 1889 die Kolonien Mariano Pimentel und S. Feliciano, und spanische Einwanderer setzten sich zusammen mit Italienern in Villa Nova und Marquez do Herval fest.

Als letzte vom Staate mit Hilfe der Bundesregierung gegrün-

---

[1] Anfragen betreffs der Ansiedelungsmöglichkeiten und -bedingungen sind an die Zentrale der „Hanseatischen Kolonisationsgesellschaft" in Hamburg, Neue Gröningerstraße 10, zu richten.

[2] Die Gesamtzahl der im Laufe der Kolonisationsperiode im Staate Rio Grande do Sul geschaffenen Koloniezentren beträgt 153, davon 37 federale, 18 einzelstaatliche, 5 gemeindliche und 93 private; die Gesamtbevölkerungszahl der kolonisierten Landstriche belief sich im Jahre 1918 auf 840 000, davon 140 000 rein brasilianischer, 330 000 deutscher, 260 000 italienischer, 80 000 polnisch-russischer und 30 000 verschiedener Abstammung.

[3] Wolff, A., Brasilien, ein Beitrag zur Landeskunde usw. Berlin o. J.

[4] etwa um das Jahr 1830.

dete Kolonien sind für Rio Grande do Sul zu nennen: „Jaguary" (1889), „Guarany" (1890), in denen Polen und Schweden angesiedelt sind, sowie „Guaporé" (1892) und „Jjuhy" (1891), wo Deutsche, Italiener und Polen wohnen. Bis auf „Guarany" (Munizip S. Luiz u. Santo Angelo) sind jedoch alle emanzipiert. Einwanderer werden nur noch in dieser Kolonie sowie in dem im Jahre 1908 neu gegründeten „Erechim", nördlich Passo Fundo, mit den dazu gehörigen Siedelungen Erebango, Capoeré, Paiol Grande usf. unter bestimmten Voraussetzungen aufgenommen. Im Gegensatz zu der Bundesregierung sowie den Staatsregierungen von Santa Catharina, Paraná, São Paulo, Minas Geraes usw., die alles daran setzen, um möglichst viel deutsche Kraft ins Land zu ziehen, unterstützt jedoch die Staatsregierung von Rio Grande do Sul seit einer Reihe von Jahren die fremde Einwanderung nicht mehr. Ja sie ist sogar, wenn die Mitteilungen unseres brasilianischen Gewährsmannes richtig sind, entschlossen, den Fremden möglichst gar kein Land, auch nicht gegen Barzahlung, zu verkaufen, so daß Einwanderer in Rio Grande do Sul nur durch Mittelsmänner Land kaufen könnten, wodurch die an sich hohen Landpreise noch gesteigert würden. Es ist daher vor einer planlosen Auswanderung namentlich mittelloser Auswanderer nach diesem Staate dringend zu warnen. Von privaten Kolonien in Rio Grande do Sul wären noch die Kolonien des Rio Grandenser Bauernvereins bei „Serro Azul" sowie die von Dr. H. Meyer in Leipzig (Täubchenweg 17) gegründete Kolonie „Neu-Württemberg" mit dem dazu gehörigen Xingú zu erwähnen.

*

Vielleicht dürfte mancher in diesem Zusammenhange einige nähere Ausführungen über die bei der Ansiedelung vorzunehmenden ersten Arbeiten erwarten. Mancher möchte vielleicht auch gerne über die Auswahl des Bauplatzes, den Waldschlag, das Brennen und Aufräumen des Waldschlages, die sogenannte „roça", über den Hausbau, die ersten Pflanzungen, die Pflanzzeiten, die Behandlung der Kulturen usf. usf. unterrichtet sein. Eine Darstellung dieser Einzelheiten würde jedoch über den Rahmen dessen, was das vorliegende Bändchen bieten soll, weit hinausgehen. Außerdem steht der Verfasser auf dem Standpunkt, daß alle diese rein praktischen Wald- und Feldarbeiten, die zudem noch regional durchaus verschieden sind, nur an Ort und Stelle durch Anleitung von seiten älterer, bereits ansässiger Kolonisten oder durch die von den einzelnen Kolonieverwaltungen zur Erteilung von Rat und Auskunft eigens bestellten Personen erlernt werden können.[1]

---

[1] Im übrigen müssen wir uns mit einem Hinweis auf die hauptsächlichste einschlägige Literatur begnügen: Leyfer, H., Deutsches Kolonistenleben im Staate Santa Catharina. Hamburg 1900; ferner allgemeineren Inhalts: Sapper, K., Natur- und Lebens-

8. Landwirtschaft.

a) Allgemeines.

Die lange Zeit in Brasilien vorherrschende Einzelkultur des Kaffees wurde bereits in den letzten Jahren vor dem Kriege und vor allem während des Krieges durch einen intensiveren Anbau weiterer Kulturpflanzen wie Baumwolle, Zuckerrohr, Zerealien usf. abgelöst; die ungünstigen Wirkungen der Überproduktion des an sich wertvollen Ausfuhrartikels auf die Gestaltung der brasilianischen Handelsbilanz, die Beschränkungen der Kaffeeausfuhren, die allgemeine Teuerung der Lebensmittel während des Krieges, die wachsenden Bedürfnisse der Alliierten an Nahrungsmitteln waren vor allem die Gründe, die während des Krieges zu einer völligen Umstellung der brasilianischen landwirtschaftlichen Produktion Anlaß boten: Brasilien wandte sich dem lange vernachlässigten Anbau von Zerealien und sonstigen Feldfrüchten zu und machte sich dadurch nicht nur zum größten Teil von der früheren Einfuhr vom Auslande unabhängig, sondern ging selbst zu einer erhöhten Ausfuhr von Lebensmitteln über.

Wesentlich erleichtert wurden die von den brasilianischen Landwirten in dieser Richtung gemachten Anstrengungen, die sich zum Zwecke einer großzügigen Durchführung ihrer Pläne zu finanzkräftigen Genossenschaften und Syndikaten zusammenschlossen, durch die weitgehende und verständnisvolle Unterstützung von seiten der Bundesregierung wie der einzelnen Staatsregierungen, die durch eine Reihe von Maßnahmen zur Hebung der Landwirtschaft ihr großes Interesse an der wirtschaftlichen Expansion

bedingungen in tropischen und tropennahen Gebieten. Hamburg 1920 (L. Friederichsen & Co.), Auslandswegweiser 3. Bd.; Hammerstein, H. I., Taschenbuch für Auswanderer und Tropensiedler, Strehl, J., Der Hausbau des Kolonisten, Deistel, H., Tropischer Gartenbau, Mann, O., Die Bodenarten der Tropen und ihr Nutzwert, (sämtliche erschienen im Verlage von Fr. W. Thaden in Hamburg); Semmler, H., Tropische Agrikultur; Wohltmann, F., Handbuch der tropischen Agrikultur, usw. Wir verweisen ferner auf die zahlreichen Broschüren, die alljährlich von dem Auskunftsdienst der brasilianischen Landwirtschaftsministeriums unentgeltlich zur Verteilung gebracht werden und unter spezieller Berücksichtigung der verschiedenartigen klimatischen wie Bodenverhältnisse Brasiliens die Züchtung der einzelnen Kulturpflanzen der Reihe nach behandeln. Besonders nützliche Dienste wird jedem Auswanderer, der sich in Brasilien der Landwirtschaft widmen will, der vom „Serviço de Agricultura Pratica (Dienst für praktischen Landbau) in Rio de Janeiro (Praia da Saúde) herausgegebene „Führer des Landwirtes in Brasilien" (Rio de Janeiro, 2. Aufl., 1918) erweisen, in dem in Form einer tabellarischen Uebersicht über Pflanzweiten, Saatmengen, Pflanz- und Erntezeiten, Erträge, Unkosten und Reingewinn der hauptsächlichsten Pflanzungen sachgemäß Auskunft erteilt wird.

42   Landwirtschaft

des Landes bekundeten. Hierher gehören die Besteuerung der noch
brachliegenden Ländereien, Verteilung von fiskalischem Grundbesitz an kinderreiche Landwirtsfamilien, Errichtung von Acker-
bauschulen sowie einer landwirtschaftlichen Hochschule in Rio de
Janeiro, Unterweisung der Landwirte durch Wanderlehrer in der
rationellen Anlage der Kulturen, in der Düngung des Bodens und
der sachgemäßen Konservierung der Ernten, Bekämpfung der
Pflanzenschädlinge, Veranstaltung landwirtschaftlicher Ausstel-
lungen, Errichtung zahlreicher Versuchsstationen und Musterwirt-
schaften, unentgeltliche Verteilung von ausgesuchten Sämereien,
Bewilligung von Geldprämien für die Förderung der Bodenkultur,
Entsendung junger Landwirte nach Europa und den U. S. A.
zwecks Studiums der neuzeitlichen landwirtschaftlichen Betriebs-
verfahren, zollfreie Einfuhr und billige Beförderung innerhalb des
Landes für alle eingeführten landwirtschaftlichen Maschinen und
Geräte, großzügige Organisation der Geldbeschaffung und des
landwirtschaftlichen Kreditwesens, Errichtung des ,,Banco Central Agricola" und weiterer Kreditanstalten, Schaffung von Spe-
zialfonds zur finanziellen Unterstützung der Landwirtschaft usw.
Daß die Wirkungen dieser umfassenden Maßnahmen, die der
landwirtschaftlichen Produktion Brasiliens die Wege zu einer aus-
sichtsreichen Zukunft ebnen sollten, nicht ausblieben, dafür
sprechen die sich immer weiter ausdehnenden Anbauflächen, die
steigenden Ernteerträge und die hohen Ausfuhrziffern, die eine
Reihe brasilianischer Bodenprodukte in den letzten Jahren erreichte. Der Große Krieg, der der übrigen Welt so viel Unheil
brachte, hat in dieser Richtung für Brasilien eine segensreiche
Wirkung ausgelöst.

b) Kaffee.

Die Kaffeepflanze (Coffea arabica L.)[1], deren Samen ,,das beste
aller irdischen Getränke" liefert, soll zu Anfang des achtzehnten
Jahrhunderts von Französisch-Guayana aus nach Pará und Ceará
eingeführt worden sein. Ein Jahrhundert später wanderte ihre
Kultur südwärts nach Bahia, Espirito Santo, Minas Geraes und
São Paulo, und heutigentags trifft man Kaffeepflanzungen in
allen Staaten Brasiliens von Amazonas bis hinab nach Rio Grande
do Sul. Ihre größte Ausdehnung gewannen sie jedoch in den Grenz-
regionen der Tropen und Subtropen, in den Staaten Rio de Ja-

---

[1] Vgl. Belli, B., Il Caffè, il suo paese e la sua importanza (S. Paulo del
Brasile). Mailand (Manuali Hoepli) 1910; Schüler, H., Brasilien,
ein Land der Zukunft. Stuttgart und Berlin 1919, Kap. 8; Dafert,
Dr. F. W., Lehmann, E. und Ridinius, L., De Bemesting en het
Drogen van koffie in Brazilie. Mededeelingen van het Gouverne-
ments-Proefstation te Campinas in São Paulo (Brazilie). Amster-
dam 1898; Kärger, K., Brasilianische Wirtschaftsbilder. 2. Aufl.
Berlin 1892; Känel, F. v., In der brasilianischen Kaffeeregion;
,,Der Tropenpflanzer". Berlin, März 1904.

neiro und Minas Geraes, vor allem aber im Staate São Paulo, wo neben klimatischen Vorzügen die Fruchtbarkeit des dortigen humusreichen Bodens, der nach Ansicht der Geologen durch die Verwitterung eines vulkanischen Gesteins (Diorit) gebildeten „terra roxa",[1] das Emporblühen des Kaffeebaues besonders begünstigte. Die in Brasilien zum Anbau gelangende „Coffea arabica" mit ihren Abarten ist ein reich verzweigter Strauch oder kleiner Baum, der eine Höhe von 3—6 m erreicht und zur großen Pflanzenfamilie der Rubiaceen gehört. Die allgemein gepflanzte Kaffeesorte wird „café commun" oder „café nacional" genannt, die zwar geringere Erträge als der ebenfalls häufig gepflanzte „café bourbon" liefert, deren Produktivkraft jedoch weniger schnell abnimmt. Minder ertragreich und daher selten mehr angebaut ist auch die nach ihrer bahianischen Heimat „maragogipe" genannte Varietät, während der „café botocatú" oder „café amarello" wegen seines reichen Coffeingehaltes in einigen Distrikten São Paulos in größerer Ausdehnung zur Anpflanzung gelangt. Der sogenannte Liberiakaffee (coffea liberica), eine in botanischer Hinsicht von der „coffea arabica" durchaus verschiedene Sorte, wird in Brasilien mehr zu Versuchszwecken und nur in ganz bescheidenem Umfang angebaut.

Bei der Neuanlage einer Kaffeepflanzung (cafezal) die gewöhnlich verakkordiert wird, wird zunächst der Urwald gegen Ende der Regenzeit, im April und Mai, gefällt. Im August und September wird dann die „derrubada (das gefällte Holz) verbrannt und damit der Boden in „queimada" verwandelt. Darauf werden zu Beginn der Regenzeit die jungen Kaffeesetzlinge in Abständen von 3,5—4 m in den so vorbereiteten Boden verpflanzt oder die mit der Schale getrockneten Kaffeesamen direkt gesetzt, wobei ähnlich wie beim Kakaoanbau zur Beschattung der jungen Kaffeepflanzen Zwischenkulturen, meistens von Mais, schwarzen Bohnen usw., gewählt werden. Um das Unkraut fernzuhalten, müssen die jungen Kaffeepflanzungen fünfmal jährlich gejätet werden.

Die Ertragsfähigkeit des Kaffeestrauchs beginnt im fünften Jahre und dauert je nach Umständen 20—40 Jahre, wobei 800 g Kaffee je Strauch eine mittlere, 1000 g eine gute Ernte darstellen. Im allgemeinen folgt einer guten Ernte eine mittlere und eine geringe.

Die Ernte beginnt im Mai und dauert gewöhnlich bis zum September. Die mehr oder weniger reifen, abgeernteten Früchte werden einem mehrwöchentlichen, „beneficiamento" genannten Reinigungs- und Aufbereitungsprozeß unterzogen, durch den die Kaffeebohnen exportfähig gemacht werden, die dann in Säcke

---

[1] Die „terra roxa" hat ihren Namen von der dunkelroten, fast violetten Farbe, die von dem Vorhandensein großer Mengen von Eisenoxyden herrührt. Je nachdem die Erde dunkler oder heller gefärbt und mehr oder weniger mit Sand vermischt ist, unterscheidet man die Zwischenarten „massape" und „terra vermelha."

zu 4 arrobas = 60 kg verpackt in die Hände der Kommissionäre
und Exporteure in Santos oder Rio übergehen.

Im allgemeinen herrscht im Staate São Paulo für die Kaffee-
gewinnung die Wirtschaftsform des Großbetriebes vor, für den
die Einzelkultur ein kennzeichnendes Merkmal ist, während sich
die Kaffeepflanzungen in Kleinbetrieben, die mehr dem Anbau
verschiedener Kulturpflanzen ergeben sind, hauptsächlich in den
nördlicheren und südlichen Staaten vorfinden. Der Umfang einer
Kaffeefazenda wird immer nach der Anzahl der vorhandenen
Kaffeesträucher bemessen; zu den größeren Fazenden zählen diejenigen, deren Bestand zwischen 400 000 und 800 000 Stück schwankt.
Der größte Kaffeeplantagenbesitzer des Staates São Paulo und
zugleich der Welt überhaupt ist ein naturalisierter Brasilianer
deutscher Abstammung, der Kaffeekönig Francisco Schmidt, dem
über 10 Millionen Kaffeesträucher gehören, und dessen 52 Fazendas im Jahre 1918 unter der Firma „Companhia agricola
Francisco Schmidt" zu einer Aktiengesellschaft vereinigt wurden.
Der zweitgrößte Kaffeeinteressent in Brasilien ist der englische
Dumont-Konzern, der über Plantagen von mehr als 5 Millionen
Kaffeesträuchern verfügt. Im ganzen waren im Staate São Paulo
im Jahre 1918 rund 1 Million ha mit 900 Millionen Kaffeesträuchern bepflanzt.

Die Arbeit auf der Fazenda, die von einem „administrador",
dem mehrere Fiskale (Aufseher) unterstehen, verwaltet wird, vollzieht sich durch drei verschiedene Kategorien von Arbeitern,
deren wichtigste die sogenannten „colonos" sind, die meist aus
eingewanderten italienischen, neuerdings auch japanischen Familien bestehen. Diese wohnen in den zur Fazenda gehörigen
„colonias" (Kolonien), und ihre Arbeit besteht in der Pflege
sowie der Ernte einer bestimmten Anzahl (gewöhnlich 5000)
Kaffeesträucher. Als Entgelt für ihre Arbeit erhalten sie für
jedes Tausend Kaffeebäume einen bestimmten jährlichen Lohn
(120-150 Milreis) sowie zur Erntezeit für jeden Alqueire Früchte eine
bestimmte Summe (durchschnittlich 700 Reis), ferner freie Woh-
nung, Pflanzland und das Recht, einige Haustiere zu halten und
zwischen den jüngeren Kaffeepflanzungen Mais und Bohnen anzu-
pflanzen und deren Ertrag zu verkaufen.[1] Eine zweite Arbeitergruppe
ist die sogenannte „turma", d. h. eine Anzahl unter einem gemein-
samen Chef vereinigter Saisonarbeiter ohne Familie, die, meistenteils im Akkord, die gröberen Arbeiten auf der Fazenda, wie Neu-
anlagen von Kaffeepflanzungen, Präparieren des Kaffees bei der
Ernte usf., verrichten. Der ihnen mit Vorliebe beigelegte Name der
„Calabrezes" deutet auf die vorwiegend süditalienische Abstammung
dieser Saisonarbeiter hin. Unter der als „camaradas" be-

---

[1] Die kontraktliche Form, unter der ein Fazendeiro Kolonisten ver-
pflichten kann, ist gesetzlich vorgeschrieben. Eine Ausbeutung der
letzteren durch ihren Arbeitgeber durch Verkauf von Lebensmitteln
ist unzulässig.

zeichneten dritten Kategorie versteht man diejenigen Arbeiter, die mit ihrer Familie meist in der Nähe der Fazenden wohnen und gegen Tagelohn gewisse Dienste als Stallknechte, Schmiede, Schreiner usw. verrichten. Einen bedeutenden Prozentsatz dieser dritten Gruppe stellen die Neger. Eingeborene Brasilianer sind in den seltensten Fällen unter den Scharen der Turma oder Colonos zu treffen. Wegen der schwierigen Fortkommensmöglichkeiten deutscher Auswanderer auf den Kaffeefazenden Brasiliens verweisen wir auf unsere Ausführungen Seite 120.

*

Unter den kaffeeproduzierenden Staaten der Welt nimmt Brasilien mit einer Beteiligung von ungefähr 75% an der Kaffeeweltproduktion eine weitüberragende Position ein, die in folgender Zusammenstellung deutlich zutage tritt:

Weltproduktion des Kaffees
(in Mill. Sack von 60 kg):

Erntejahre	Welt-ernte	Brasilien	sonstiges Amerika	Asien	Afrika
1852/53	4,6	2,4	0,5	1,63	0,02
1910/11	14,6	10,8	3,2	0,47	0,15
1911/12	15,4	12,0	3,6	0,45	0,14
1912/13	16,4	12,1	3,6	0,52	0,18
1913/14	19,5	14,5	4,3	0,61	0,19
1918/19 (Schätzung)	15,5	11,5	andere Länder: 4,0.		

Auf die wichtige Rolle, die der brasilianische Kaffee als internationaler Welthandelsartikel, als Börsenspekulationsobjekt sowie als finanzieller Faktor für den Staat São Paulo wie für ganz Brasilien überhaupt spielt, ferner auf die durch den Krieg, insbesondere durch das Ausscheiden der Zentralmächte als Kaffeeabnehmer sowie die Beschränkungen der Kaffeeimporte in den Ententeländern (Frankreich und England) hervorgerufenen neuen Valorisationsmaßnahmen der Staatsregierung von São Paulo soll hier nicht näher eingegangen werden.

Eine Zusammenstellung über die Hauptbestimmungsländer der Ausfuhren von brasilianischem Kaffee (in 1000 Sack zu 60 kg) in den Jahren 1913—19 möge diese Ausführungen beschließen:

Bestimmungsländer:	1913	1914	1915	1916
U. S. A.	4 915	5 532	7 195	6 577
übriges Amerika	332	296	354	328
Frankreich	1 847	1 084	2 499	2 736
Italien.................	237	600	711	1 059
England	251	325	414	575
	7 582	7 837	11 173	11 275

Bestimmungsländer:	1913	1914	1915	1916
Übertrag	7 582	7 837	11 173	11 275
Deutschland	1 866	656	—	—
Österreich-Ungarn	1 017	364	—	—
Holland	1 483	1 047	1 487	368
Skandinavische Länder.....	292	706	3 661	916
Mittelmeerländer	125	123	237	154
andere Länder	901	537	503	326
insgesamt:	13 266	11 270	17 061	13 039
Wert in Contos:	611 690	439 707	620 490	589 201
Durchschnittspreis je Sack in Milreis Papier	46 $	39 $	36 $	45 $

Bestimmungsländer:	1917	1918	1919 (9 Mon.)
U. S. A.	6 291	4 562	4 798
übriges Amerika	377	605	218
Frankreich	2 104	354	2 756
Italien..........................	716	1 109	194
England	253	1	333
Deutschland	—	—	—
Österreich-Ungarn	—	30	53
Holland	105	—	132
Skandinavische Länder.............	167	246	729
Mittelmeerländer	162	95	287
andere Länder	431	431	693
insgesamt:	10 606	7 433	10 193
Wert in Contos:	440 258	352 727	970 135
Durchschnittspreis je Sack in Milreis Papier	42 $	47 $	95 $

c) Kakao.

Die Weltkakaoentwicklung war sowohl hinsichtlich der Produktion als auch des Verbrauchs im Verlaufe der letzten 25 Jahre eine gewaltige; hatte doch die Welternte 1913 gegen 1894 eine Steigerung von 327%, der Weltverbrauch eine solche von 287% zu verzeichnen.[1] Was Dettmann bereits für das Jahr 1907 betonte, daß nämlich die Produktionsverhältnisse der Kakaoländer dem außerordentlich vorwärtsdrängenden Weltbedarf kaum standhalten könnten, gilt in erhöhtem Maße für die letzten Jahre vor dem Kriege und für die Kriegsjahre selbst.

Unter den Hauptkakaoerzeugungsländern nahm Brasilien, dessen Erzeugung in früheren Zeiten starken Schwankungen

---

[1] Vgl. „Gordian", Zeitschrift für Kakao, Zucker und deren Erzeugnisse, Hamburg. Jhrg. 25, Heft 586 vom 26. 9. 19, Seite 334 ff.

unterworfen war, innerhalb der südamerikanischen Produzenten
eine Zeitlang die dominierende Stellung ein; im Jahre 1910 mußte
es seinen Vorrang an Ecuador abtreten und rückte infolge der
sprunghaften Produktionssteigerung der Goldküste im Jahre 1911
auf die dritte, in den Jahren 1912 und 1913 sogar auf die vierte
Stelle. Für 1917 und 1918 sicherte es sich wieder wie schon
vorher im Jahre 1915 den zweiten Platz:

Kakaoernte in 1000 t:

Ernteländer:	1915	1916	1917	1918
Goldküste	79	73	92	67
Ecuador	35	45	47	38
Brasilien	45	44	56	42
Thomé	31	34	32	27
Trinidad	25	25	31	27
Dominik. Republik	20	21	24	19
Venezuela	14	12	13	12

Die brasilianische Kakaoproduktion, die noch in weitestem Umfange ausdehnungsfähig ist, ist praktisch auf den Süden
und das Innere des Staates Bahia beschränkt, wenn auch in
den Nordstaaten Amazonas und Pará und in geringerem Maße in
Maranhão und Espirito Santo Kakao geerntet wird. Die bahia-
nische Kakaozone erstreckt sich der Meeresküste entlang in einer
Breite von durchschnittlich 40—50 Kilometer von Valença bis
zur Grenze des Staates Espirito Santo, wobei jedoch die Plantagen
weit genug von der Küste entfernt sind, um gegen die rauhen
Seewinde geschützt zu sein. Die zahlreichen Hügeln und
kleinen Gebirgsketten sowie von mehreren Flüssen und anderen
Wasserläufen durchzogene Zone hat nach Zehntner[1] vornehmlich
humusreichen, tiefgründigen Boden alluvialen Charakters und
ein heißes feuchtes Klima mit häufigen und ergiebigen Regen-
fällen, alles Eigenschaften, die die natürlichen Vorbedingungen
für ein gutes Gedeihen des Kakaobaumes bilden. Vom Norden
ausgehend zerfällt sie in folgende Produktionszentren: Valença, Taperoá, Santarem, Camamú, Barra do Rio de Contas,
Ilhéos, Una, Cannavieiras, Belmonte, Porto Seguro und Caravellas,
deren wichtigste, Ilhéos, Cannavieiras und Belmonte, mit ungefähr
85% an der bahianischen Gesamtkakaoausfuhr beteiligt sind.
Nach amtlichen Angaben des Staates Bahia waren im Jahre 1913
rund 113 000 acres[2] mit 45,3 Mill. Kakaobäumen bepflanzt. Obzwar während der Kriegsjahre die Neuanpflanzungen von Kakao-
plantagen in erhöhtem Maße durchgeführt wurden, finden sich
in sämtlichen Kakaodistrikten des Staates Bahia mit Ausnahme
von Cannavieiras, wo einem englischen Konsulatsbericht zufolge

---

[1] Zehntner, L., Le Cacaoyer dans l'Etat de Bahia. Berlin 1914.
[2] 1 acre = rund 40,5 Ar.

die anbaufähigen Niederungen des Pardo-Flusses praktisch gänzlich unter Kultur stehen, noch weit ausgedehnte Landstrecken mit meist noch jungfräulichem Boden, die sich für Kakaoanbau ausgezeichnet eignen. Ebenso könnte noch in den Staaten Sergipe, Espirito Santo, Alagôas, Pernambuco, Rio Grande do Norte, Ceatá, Piauhy, Maranhão, Amazonas, Pará und Rio de Janeiro eine intensive Kakaokultur betrieben werden, da die dortigen Bodenverhältnisse wie auch die klimatischen Vorbedingungen die denkbar günstigsten sind. Anbauversuche in Rio de Janeiro ergaben mehr als befriedigende Resultate, so daß es überraschend erscheint, daß bis heutigentags der Kakaobau fast ausschließlich auf den Staat Bahia monopolisiert ist.

Die Frage, ob die bahianischen Kakaodistrikte für deutsche Ansiedler zur Niederlassung zu empfehlen sind, muß der klimatischen Verhältnisse wegen im allgemeinen in verneinendem Sinne beantwortet werden. Für Kakaoanbau, der einer Kolonistenfamilie bei verhältnismäßig nicht zu schwerer Arbeit eine auskömmliche Rente einbringen kann, kämen höchstens die Staaten Espirito Santo und Rio de Janeiro in Betracht . Kapitalschwache Pflanzer aber und solche, die Kredit in Anspruch nehmen, geraten leicht in Abhängigkeit von ihren Geldgebern und müssen nur allzu oft der erdrückenden Schuldenlast halber ihre Pflanzungen gerade dann wieder veräußern, wenn diese die ersten Erträgnisse einbringen. Zudem macht sich auch in Brasilien die Tendenz bemerkbar, die Kleinbetriebe zu Gunsten der Großplantagen aufzugeben, um dem afrikanischen Kakao gegenüber konkurrenzfähiger bleiben zu können. Großkapital könnte demnach in den Kakaodistrikten wie auch in den neuentstehenden Kautschukplantagen des Nordens ein gewinnbringendes Arbeitsfeld finden.[1]

Wenn auch die brasilianische Kakaoproduktion im Inlande selbst einen aufnahmefähigen Markt findet, so wird doch weitaus der größte Teil exportiert. Die Kakaoausfuhren des letzten Jahrzehnts, die vor dem Kriege in der Hauptsache nach Deutschland, den U. S. A., Frankreich, England und Holland gingen, waren folgende:

Jahre	t	Gesamtwert in Milreis	Durchschnittspr. je kg i. Reis Papier
1910	29 157	12 254 346 $ Gold	$ 709
1911	34 994	14 618 084 $,,	$ 705
1912	30 492	18 609 544 $,,	$ 753

[1] Rentabilitätsberechnungen über den Kakaoanbau in Brasilien siehe: ,,Bulletin de la Chambre de Commerce Française de Rio de Janeiro", Jhrg. 20, Nr. 214, S. 120 ff. Rio de Janeiro 1919 und ,,Bulletin Trimestriel de la Société d'Expansion Belge vers l'Espagne et l'Amérique Latine", Jahrg. 2, Nr. 1, S. 32—48. Lüttich 1913.

Jahre	t	Gesamtwert in Milreis		Durchschnittspr. je kg i. Reis Papier
1913	29 759	23 904 000 $	Papier	$ 803
1914	40 767	30 643 000 $	,,	$ 752
1915	44 980	56 140 000 $	,,	1 $ 248
1916	43 720	50 371 000 $	,,	1 $ 152
1917	55 622	48 084 000 $	,,	$ 864
1918	41 865	39 752 000 $	,,	$ 950
1919	62 584	93 265 000 $	,,	1 $ 491

d) Zuckerrohr und Zuckerindustrie.

Der brasilianischen Zuckerindustrie steht unzweifelhaft eine große Zukunft bevor. Boden und Klima des Landes begünstigen das Gedeihen des Zuckerrohrs derart, daß man noch lange Zeit Brasilien für dessen Heimat hielt, obwohl die asiatische Herkunft des Zuckerrohrs einwandfrei festgestellt ist. Jahrhunderte lang war denn auch Brasilien das erste Zuckerland der Welt, bis ihm seine dominierende Stellung durch Gründe verschiedenster Art —. Abschaffung der Sklaverei, Erfindung des Rübenzuckers, intensive Zuckerrohrkultur in verschiedenen anderen Tropenländern, die nach modernen maschinellen Verfahren arbeiteten — allmählich einbüßte und innerhalb der zuckerproduzierenden Länder von dem ersten auf den siebenten Platz herabgedrückt wurde.[1]

Zuckerrohr wird fast in allen Staaten Brasiliens angebaut. Am besten gedeiht es in der Küstenzone zwischen dem 6. und 22. Grad südlicher Breite. Das Haupterzeugungsgebiet sind die Nordstaaten Pernambuco, Ceará, Piauhy und Rio Grande do Norte sowie neuerdings S. Paulo und Rio de Janeiro; die Südstaaten, Rio Grande do Sul, Santa Catharina und Paraná, verwenden das Zuckerrohr, neben der Zuckerextraktion für den einheimischen Bedarf, in der Hauptsache zur Herstellung von Branntwein (Rum).

Über die Erträge des Zuckerrohrs, die naturgemäß in unmittelbarem Zusammenhange mit der beim Anbau verwendeten Sorgfalt, der Pflanzweite, der Düngung usw. stehen, lassen sich für Brasilien nur schwer genauere Angaben machen. Für Per-

---

[1] Eine gute, wenn auch in manchen Punkten veraltete, Darstellung über die brasilianische Zuckerindustrie, die die Anbaumethoden, die Erträge, die Anbaukosten, die Rentabilität des Zuckerrohrs usw., insbesondere in den Staaten Pernambuco und Rio de Janeiro, behandelt, findet sich in „Berichte über Handel und Industrie", zusammengestellt im Reichsamt des Innern, Berlin, Bd. IV., Heft 6 vom 21. 8. 1902. Außerdem verweisen wir auf die vom Informationsdienst des brasilianischen Ministeriums für Landwirtschaft, Handel und Industrie herausgegebene Studie: Gorkum und Waal, Situação da Cultura da Canna de Assucar. Rio de Janeiro, 1913.

nambuco wurde ein Durchschnittsertrag von 33 t je ha errechnet, der nach dem Urteil von Sachverständigen bei rationellerer Ausnützung der natürlichen Vorbedingungen und bei Anwendung moderner wissenschaftlicher Anpflanzungsmethoden leicht vervielfacht werden könnte. Die Erträge, die in Campos (Rio de Janeiro) und S. Paulo, wo nach neuzeitlichen agronomischen Verfahren gearbeitet wird, erzielt werden, kommen mit 50 t je ha den Durchschnittserträgen in Kuba und Louisiana gleich, wenn sie auch noch beträchtlich hinter denen der Sandwichsinseln (82 t), von Java (80 t) und Demerara (62 t) zurückbleiben. Immerhin gestaltet sich die Zuckerrohrkultur in Brasilien durchaus rentabel. Wenn man oft darüber klagen hört, daß europäische Auswanderer, die in der Hoffnung, als Zuckerrohrbauern in Brasilien ihr Glück zu machen, ihre Heimat verließen, bald durch Mißerfolge enttäuscht, nach Verlust ihres Vermögens, wieder nach Europa zurückwanderten, so ist dazu zu bemerken, daß man diese Beobachtung auch für andere tropische Länder feststellen kann und daß sie in vielen |Fällen damit zusammenhängt, daß es die betreffenden Kolonisten an jeglicher Methode des Anbaus fehlen ließen. Doch soll hier nicht verschwiegen werden, daß Zuckerrohr eigentlich nur lohnend ist, wenn seine Kultur im großen betrieben wird.

In den letzten Jahren vor dem Kriege war Brasilien aus der Reihe der Zucker ausführenden Länder beinahe gänzlich ausgeschieden. Von rund 200 000 t Ende der achtziger Jahre fiel die Ausfuhr auf 4 771 t im Jahre 1912. Zwei Gründe waren es vor allem, die diesen rapiden Rückgang bewirkten: Die U. S. A., früher neben England Hauptabnehmer des brasilianischen Zuckers, hatten sich von dem brasilianischen Zuckermarkt immer mehr und mehr abgewandt und ihren jährlich etwa 4 Mill. t betragenden Verbrauch neben eigener Produktion durch Einfuhr aus Porto Rico, Hawai, den Philippinen und Kuba gedeckt. Andererseits kam noch, wie schon erwähnt, die scharfe Konkurrenz des europäischen Rübenzuckers hinzu, die es Brasilien unmöglich machte, die Ausfuhr von Rohzucker einigermaßen lohnend zu erhalten. Die natürliche Folge davon war eine Beschränkung der brasilianischen Zuckerproduktion auf den einheimischen Verbrauch. Nur geringere Qualitäten gelangten noch zwecks Verarbeitung in englischen und nordamerikanischen Raffinerien in kleineren Quanten zur Ausfuhr, die sich in dem letzten Jahrzehnt vor dem Kriege wie folgt gestaltete:

Jahre	t	Gesamtwert in Milreis Gold	Wert je kg in Reis Papier
1905	37 746	3 608 476 $	$ 169
1906	84 948	5 388 596 $	$ 108
1907	12 857	1 206 220 $	$ 167

Jahre	t	Gesamtwert in Milreis Gold	Wert je kg in Reis Papier
1908	31 578	2 716 418 $	$ 155
1909	68 483	5 968 214 $	$ 156
1910	58 823	6 035 619 $	$ 180
1911	36 208	3 632 523 $	$ 169
1912	4 771	498 256 $	$ 178
1913	5 367	575 937 $	$ 181
1914	31 860	3 313 475 $	$ 212

Die mißliche Lage der brasilianischen Zuckerindustrie vor dem Kriege wird in der ersten Nummer (Juli 1918) des von der brasilianischen Regierung (Secção Economica do Ministerio dos Negocios Estrangeiros) zur regelmäßigen monatlichen Veröffentlichung vorgesehenen Handelsblatts (Boletim Commercial) weiterhin dahin gekennzeichnet, daß die brasilianischen Zuckerfabrikanten, deren maschinelle Einrichtungen hinter denen anderer Länder weit zurückstanden, mit Hypotheken derart überlastet waren, daß sie keine Mittel zur Verfügung hatten, sich modernere Maschinen anzuschaffen, um so mit den übrigen Zuckererzeugungsländern erfolgreich in Wettbewerb zu treten.

Der Ausbruch des Weltkrieges und der damit zusammenhängende Produktionsrückgang in den kriegführenden Staaten, die wiederholten Mißernten am La Plata änderten jedoch die Sachlage in Brasilien mit einem Schlage. Die große Nachfrage nach Zucker, die Aussicht auf hohe Preise und große Gewinne förderten sowohl den Anbau von Zuckerrohr als auch dessen Extraktion. Es wurden neue Zuckerfabriken angelegt — nach den neuesten uns vorliegenden Statistiken waren im Jahre 1917 in Pernambuco, dem wichtigsten Zentrum der brasilianischen Zuckerproduktion, neben zahlreichen kleineren Mühlen (bangués) und primitiven Siedereien (engenhos), deren Zahl allein auf etwa 1500 angegeben wird, 76 neuzeitlich ausgestattete Fabriken (usinas) im Betrieb, in Campos 32, S. Paulo 20, Bahia 25, Alagôas 10, Sergipe 15 — und die Leistungsfähigkeit der bereits bestehenden Fabriken wurde wesentlich erhöht. Die richtige Ausnutzung der günstigen Kriegskonjunktur, die bei einiger Anstrengung leicht zur Friedenskonjunktur werden könnte, kommt in der steigenden Tendenz der Ausfuhrzahlen (in t) der Jahre 1913—1917 auch deutlich zum Ausdruck:

Ausfuhr nach:	1913	1914	1915	1916
U. S. A.	—	6 194	21 929	1 190
Argentinien	7	—	—	13 642
Italien	—	—	—	—
	7	6 194	21 929	14 832

4*

Ausfuhr nach:	1913	1914	1915	1916
Übertrag	7	6 194	21 929	14 832
Portugal	11	597	12 931	1 884
England	5 134	24 136	21 627	16 232
Uruguay	211	812	2 311	16 187
andere Länder	4	121	372	5 803
insgesamt	5 367	31 860	59 170	54 938
Wert in Contos	972	6 766	14 484	25 967
Durchschnittspreis je kg in Reis Papier	$ 181	$ 212	$ 245	$ 477

Ausfuhr nach:	1917	1918	1919 (9 Mon.)
U. S. A.	2 283	2	—
Argentinien	62 785	61 293	5 783
Italien........................	7 005	12 686	2 100
Portugal	38	504	1 731
England	23 308	8 669	7 068
Uruguay	34 973	30 870	5 365
andere Länder	7 767	1 610	7 327
insgesamt	138 159	115 634	29 374
Wert in Contos	72 923	100 612	21 785
Durchschnittspreis je kg in Reis Papier	$ 528	$ 870	$ 742

Die gesteigerte Zuckerproduktion der laufenden Kampagne 1919/1920, die nach Schätzungen der Maklervereinigung der Warenbörse in Rio de Janeiro mit 6,6 Mill. Sack[1] zu je 60 kg = 399 600 t angegeben wird, eine Schätzung, die wegen der dabei mitspielenden Preisspekulationen eher zu niedrig als zu hoch gegriffen ist, dürfte die brasilianische Zuckerausfuhr auch weiterhin ermutigen.

---

[1] Auf die einzelnen Staaten verteilt sich diese Produktion folgendermaßen:

Staaten	Sack	Staaten	Sack
Amazonas..........	20 000	Bahia	450 000
Pará	35 000	Espirito Santo	40 000
Maranhão..........	35 000	Rio de Janeiro ...	1 100 000
Piauhy	25 000	S. Paulo..........	500 000
Ceará.............	20 000	Paraná	20 000
Rio Gr. do Norte ...	80 000	Santa Catharina ..	50 000
Parahyba	150 000	Rio Gr. do Sul....	15 000
Pernambuco........	2 500 000	Minas Geraes......	250 000
Alagôas	500 000	Goyaz	20 000
Sergipe	800 000	Matto Grosso	50 000

e) Tabak und Tabakindustrie.

Zu den Hauptprodukten Brasiliens gehört seit langem der Tabak,[1] dessen Kultur in Bahia, dem wichtigsten Platz für Tabakproduktion und -handel in Brasilien, unmittelbar nach der Entdeckung des Landes einsetzte und sich von dort aus so ziemlich über alle brasilianischen Staaten — je nach den klimatischen und Bodenverhältnissen mehr oder weniger intensiv — ausdehnte. Genaue Produktionsziffern lassen sich nach einer Mitteilung von „L'Economiste Européen" (Paris) vom 1. März 1918 schwer geben, da die Ausfuhrziffern der Einzelstaaten, die für die Tabakausfuhr Exportzölle von verschiedener Höhe erheben, kein zutreffendes Bild liefern, weil gewisse Mergen in diesen Staaten selbst verarbeitet und verbraucht werden und sich dadurch der Statistik entziehen. Immerhin kann mit einiger Gewißheit die durchschnittliche Jahresproduktion[2] Brasiliens auf etwa 50 000 t geschätzt werden, die sich auf die einzelnen Staaten wie folgt verteilen:

Bahia	28.500 t	Goyaz	1 000 t
Rio Grande do Sul	7 600 t	Piauhy u. Sergipe	1 000 t
Minas Geraes	6 000 t	Pará	1 000 t
São Paulo	2 000 t	Rio de Janeiro	50 t
Santa Catharina	1 600 t	Versch. Staaten	500 t

Nach Ansicht von Sachverständigen ließe sich bei Anwendung moderner agronomischer Verfahren, wie beispielsweise in Sumatra, die Produktion nach Menge und Wert verdoppeln, auch wenn sich dadurch die Anbaukosten — jedoch bei weitem nicht im gleichen Verhältnis — steigerten. In Bahia und Minas Geraes schätzt man die Anbaukosten für den ha auf etwa 100 $, den Ertrag auf 200—240 kg. In São Paulo werden durchschnittlich 240 kg je ha gewonnen. Für Rio Grande do Sul und Santa Catharina lassen sich ähnliche Erträgnisse nachweisen. Eine rationelle Tabakkultur, die alle Forderungen und Vorteile moderner agronomischer Wissenschaft ausnutzt, mit genügendem Kapital und in nicht zu kleinem Umfange betrieben wird, soll

---

[1] Gute und eingehende Darstellungen über die Geschichte des brasilianischen Tabakbaus, die Tabakkultur in Bahia und die wirtschaftliche Nutzung des brasilianischen Tabaks finden sich in „Boletim da Agricultura." São Paulo, 1910, S. 290 ff., 91 ff., 411 ff.

[2] Die Welttabakproduktion wird mit fast 1 000 000 t angegeben (davon U. S. A. 522 000 t, Europa 250 000 t, Borneo, Java, Sumatra 50 000 t, Brasilien 50 000 t, Philippinen, Porto Rico 25 000 t, Kuba 27 496 t, verschiedene Länder 70 000 t).

in Brasilien bis zu 75% Nutzen abwerfen, ein Prozentsatz, der
allerdings nach Ansicht Schülers, dem wir diese Angabe verdanken,
reichlich optimistisch zu nennen ist, wenn auch bei guter Bewirtschaftung mit Sicherheit auf einen hohen Gewinn gerechnet
werden darf.

Die bekanntesten Sorten des Brasiltabaks sind die starken
des Nordens (Pará, Tocantins, Bragança, Ourem), deren beste
Qualitäten im Lande selbst verbraucht werden, ferner die aro-
matischen, mehr oder weniger starken Spezialitäten von Bahia,
Goyaz, Carangola, Rio Novo, die zum größten Teil ausgeführt
werden, sowie endlich die leichten Sorten von Santa Catharina
und Rio Grande do Sul, wo der Tabakbau in der Hauptsache
von deutschen Kolonisten, namentlich in den Munizipien Blumenau und Joinville (Santa Catharina) und S. Cruz, S. Angelo
und Venancio Ayres (Rio Grande do Sul) betrieben wird.

Ein großer Teil der brasilianischen Tabakerzeugung wird in
den einheimischen Fabriken, deren es im Jahre 1914: 2273,
1915: 2231 und 1916: 2036 gab, verarbeitet. Hergestellt wurden
1915: 82,5 Mill. und 1916: 97,5 Mill. Zigarren, im Jahre 1915:
199,8 Mill. und 1916: 257,6 Mill. Pakete Zigaretten sowie 1915:
1,2 Mill. und 1916: 3 Mill. kg Schnittabak. Diese Ziffern sind
vielleicht nicht ganz zutreffend, da sich ein erheblicher Teil der
Produktion wegen der hohen Verbrauchsabgaben der staatlichen
Aufsicht zu entziehen pflegt. Unter den wichtigsten Zigarren-
und Zigarettenfabriken im Lande sind vor allem diejenigen
von Dannemann & Cia., Stender & Cia., A. Suerdick, Pook &
Cia., Costa Ferreira & Penna, Carvalho & Cia., M. Pachêco,
Leite & Alves und Borel & Cia. zu nennen. Eine ganze Reihe der
kleineren Zigarrenfabrikanten in Blumenau und Joinville, die
ehemals eine blühende Hausindustrie unterhielten, mußten im
Laufe der letzten Jahre unter dem Druck der sich immer mehr
ausbreitenden Konkurrenz der Großbetriebe in São Felix-Bahia
ihre Produktion stark einschränken oder gar aufgeben, wodurch
sich der nicht unerhebliche Rückgang der brasilianischen Tabakfabriken während des Krieges erklärt.

Vor dem Kriege wurde nahezu die gesamte Tabakausfuhr
Brasiliens Bremen bezw. dem Hamburger Tabakmarkte zugeführt,
der das Gepräge des Welttabakmarktes trug und aus dessen Zu-
fuhren alle Tabak verbrauchenden Länder Europas und ver-
schiedene Länder außerhalb unseres Erdteils versorgt wurden.
Von den 18 489 t der brasilianischen Gesamttabakausfuhr im
Jahre 1911 gingen 15 778 t nach Deutschland (Hamburg und
Bremen), 1912 von 24 705 t : 19 236 t und 1913 von 29 388 t:
24 019 t. Während des Krieges änderte sich naturgemäß das Bild.
Hamburg und Bremen schieden als Abnehmer aus und andere
Länder, vorzugsweise Frankreich und Spanien, traten als direkte
Käufer auf. Auch die Nordamerikaner fehlten nicht auf dem Plan,
wo es galt, die günstige Konjunktur auszunutzen und gründeten

u. a. in Rio die „Brazilian Tobacco Corporation", die in Brasilien als Pflanzer, Käufer, Fabrikant und Exporteur von Tabak und Tabakfabrikaten tätig sein will.

Ein anschauliches Bild über die Änderung der Ausfuhrrichtungen von brasilianischem Tabak während des Krieges bietet folgende Übersicht (in t) über die Hauptbestimmungsländer des brasilianischen Tabakexportes während der Jahre 1913—1919:

Bestimmungsländer:	1913	1914	1915	1916
Deutschland	24 473	22 133	—	—
Argentinien	4 359	2 873	7 302	3 575
Belgien	11	13	—	—
U. S. A.	7	192	1 953	399
Frankreich	2	. 2	6 582	3 919
England	103	32	239	101
Spanien	—	—	2 438	641
Holland	2	179	3 980	9 720
Italien..............	—	—	190	—
Portugal	84	886	2 636	576
Uruguay	344	664	866	892
andere Länder	3	6	910	1 470
insgesamt	29 388	26 980	27 096	21 293
Wert in Contos	24 570	23 585	22 625	30 322
Durchschnittspreis je kg in Reis Papier	$ 836	$ 874	$ 835	1$ 424

Bestimmungsländer:	1917	1918	1919[1] (9 Mon.)
Deutschland	—	—	—
Argentinien	8 179	7 304	3 270
Belgien	—	—	4 550
U. S. A.	293	3 225	4
Frankreich	7 671	6 313	10 005
England	167	351	422
Spanien	6 905	9 006	1 645
Holland	61	—	3 851
Italien........................	7	791	1 850
Portugal	250	3	73
Uruguay	1 498	1 852	1 387
andere Länder	728	909	2 309
insgesamt	25 759	29 754	29 366
Wert in Contos	23 438	41 922	48 045
Durchschnittspreis je kg in Reis Papier	$ 926	1 $ 409	1 $ 660

[1] Die Ausfuhrzahlen für das Jahr 1919 beziehen sich nur auf „fumo em folha". Die Gesamttabakausfuhr (folha, corda und desfiado) betrug 29 814 t im Werte von 49 500 Contos.

f) Baumwolle und Baumwollindustrie[1].

Baumwollbau. Die Baumwollstaude war in Brasilien, dessen Nordoststaaten von in- und ausländischen Sachverständigen als die Wiege der besten Baumwollweltqualitäten betrachtet werden, bereits vor der Entdeckung des Landes durch die Portugiesen bekannt. Eine erste Ausfuhr von Baumwollballen aus Pernambuco wird für das Jahr 1575 berichtet; der regelmäßige Export begann jedoch erst mit dem Jahre 1782, und zwar in der Hauptsache nach England, dessen größter Baumwollieferant bis zum Jahre 1800 Brasilien war. In den Zeiten des amerikanischen Sezessionskrieges steigerte Brasilien von neuem seinen Baumwollanbau und stand im Jahre 1875 unter den Baumwolle produzierenden Ländern der Welt an dritter Stelle. Von diesem Zeitpunkt ab nahm jedoch die brasilianische Produktion wie auch der Export von Baumwolle allmählich ab. Als hauptsächlichster Grund dafür wird, neben der in Brasilien noch heutigentags fast allgemein üblichen Anwendung veralteter und unwissenschaftlicher Produktionsverfahren sowie den periodischen Dürren in den Nordoststaaten des Landes, die Konkurrenz der U. S. A. genannt, die dank den großen, ihnen zur Verfügung stehenden Kapitalien sowie den reichen Kolonisations- und Verkehrsmöglichkeiten einen umfassenden, industriell organisierten Baumwollanbau durchzuführen und eine weit ökonomischere Produktion als Brasilien zu erzielen vermochten, trotzdem dessen Baumwollgebiete durchschnittlich höhere Erträge abwerfen als diejenigen ihrer nördlichen Nachbarn.

Der im Norden Brasiliens zum Anbau gelangende Baumwollstrauch zählt zu den baumartigen Baumwollpflanzen; er wird in der Zeit zwischen Dezember und Januar angepflanzt und im Monat August abgeerntet. Ertragsfähig bleibt er im allgemeinen mindestens 5 Jahre lang und liefert vom zweiten Jahre ab seine Maximalproduktion. Im Süden Brasiliens werden mehr krautartige Varietäten der Malvazeengattung kultiviert und jährlich von September bis Dezember angepflanzt; deren Ernte vollzieht sich gewöhnlich von April bis Mai. In Ceará ergibt ein Hektar je nach der Beschaffenheit des Bodens 350—500 kg entkörnte Baumwolle, während sich die Durchschnittsproduktion je ha in Nordamerika zwischen 385 kg in Texas und 128 kg in Florida bewegt. Bewässerter Boden bringt in Ceará bis zu 900 kg je ha hervor, während Ägypten nur 430—640 kg je ha liefert.

Trotz der günstigen natürlichen Vorbedingungen, die weite Teile Brasiliens für den Baumwollbau bieten, beschränkte sich jedoch noch fast bis zu Kriegsbeginn die brasilianische Baumwoll-

---

[1] Vgl. Bieler, A. „Zur Entwicklung der brasilianischen Textilindustrie" in: „Mitteilungen der Ibero-amerikanischen Gesellschaft". Hamburg, Jahrg. I, S. 779 ff.

erzeugung im wesentlichen auf die Nordoststaaten Ceará, Parahyba, Rio Grande do Norte und Pernambuco. Schon vor dem Kriege waren allerdings Bestrebungen im Gange, die Monopolstellung der Nordoststaaten hinsichtlich der Baumwollkultur zu brechen und diese Pflanze in weit größerem Umfange als bisher auch in den anderen Staaten, vor allem in São Paulo und Minas Geraes, anzubauen, da die rasch aufblühende Baumwollindustrie dieser Staaten alles Interesse daran hatte, sich hinsichtlich ihrer Versorgung mit Rohmaterial von den Nordoststaaten, unter deren durch Dürren hervorgerufenen Mißernten sie schon oft empfindlich zu leiden hatte, unabhängiger zu machen. Wesentlich gefördert wurde der intensivere Anbau in diesen Staaten, der bereits in kleinerem Maßstabe um die Wende des Jahrhunderts eingesetzt hatte, durch die infolge des Krieges hervorgerufene Baumwollhausse, durch die schwere Krise des Jahres 1915 in den Nordoststaaten und nicht zuletzt durch die Fröste, die im Juni 1918 ungefähr die Hälfte der Kaffeepflanzungen des Staates S. Paulo vernichteten. Hatte der Staat S. Paulo in den Jahren 1916 und 1917 bereits 40 % seines etwa 25 000 betragenden einheimischen Bedarfs an Baumwolle selbst erzeugt, so gelang es ihm, durch Anwendung neuzeitlicher wissenschaftlicher Anpflanzungsmethoden im Jahre 1919 eine Ernte von 50 000 t zu erzielen, sodaß ihm in diesem Jahre noch 25 000 t zur Ausfuhr zur Verfügung standen. Die Gesamtbaumwollproduktion Brasiliens bezifferte sich im Jahre 1918 auf schätzungsweise 90 000 t und im Jahre 1919 auf rund 128 000 t (gegenüber 60 000 t i. J. 1912 und 80000 t i. J. 1914), die sich folgendermaßen auf die verschiedenen Staaten verteilen (in 1000 Ballen zu 80 kg):

	1918	1919
Pernambuco	320	360
Rio Grande do Norte ...	150	260
Parahyba	250	240
São Paulo	100	235
Ceará	80	200
Bahia	50	60
Maranhão	30	65
Piauhy	30	30
Alagôas.................	40	40
Minas Geraes	25	‹ ›
Sergipe	25	35
Pará u. Rio de Janeiro..	30	45

Es scheint demnach nicht ausgeschlossen, daß die für die Baumwollkultur geeigneten Ländereien eine noch bedeutendere Vergrößerung erfahren können und daß die brasilianische Baumwollproduktion wieder die einstige Höhe des Jahres 1864 erreichen kann, in dem allein 74 000 t ausgeführt wurden, wobei allerdings berücksichtigt werden muß, daß sich der damalige heimische Verbrauch mit dem heutigen, dessen enorme Steigerung gerade in den letzten Jahren den rapiden Rückgang der Baumwollausfuhr[1] verursachte, durchaus nicht vergleichen läßt.

Baumwollindustrie. Die Hauptsitze der heutigen brasilianischen Baumwollindustrie sind die Staaten Rio de Janeiro, Minas Geraes und São Paulo. Nach einer von dem „Centro Industrial" veröffentlichten Statistik zählte diese im Jahre 1915 240 Fabriken mit 51 134 Webstühlen und 1 512 626 Spindeln, während im Jahre 1905 nur 110 Baumwollwebereien mit 26 420 Webstühlen und 734 928 Spindeln in Betrieb waren. Der Vergleich zwischen den beiden Jahren zeigt für den Zeitraum von 10 Jahren eine Zunahme der Fabriken um 118 %, der Webstühle um 93 % und der Spindeln um 105 %. Die in den genannten Fabriken investierten Kapitalien, Reserven oder Anleihen beliefen sich im Jahre 1905 auf 193 708 Contos und erreichten im Jahre 1915 402 850 Contos. Den im Jahre 1915 fertiggestellten 470 783 435 m Baumwollgewebe im Werte von 275 566 Contos stehen für das Jahr 1905 242 087 181 m Gewebe im Werte von 121 043 Contos gegenüber. Die Zahl der beschäftigten Arbeiter stieg von 39 159 im Jahre 1905 auf 82 257 im Jahre 1915.

Die unmittelbare Folge der Steigerung der Eigenproduktion, die in ihrem überwiegenden Teil dem heimischen Verbrauch zugeführt wurde, war natürlich eine Verminderung und ein allmählich fast völliges Verschwinden der Einfuhr ausländischer grober Baumwollwaren, wie sie in früheren Jahren, namentlich von England aus, in hohem Maße erfolgte. Bereits im Jahre 1911 mußte der englische Konsul in Pernambuco in seinem Bericht feststellen, daß 75 % der dort verkauften groben Baumwollwaren brasilianische Fabrikate waren. „Die Baumwollwebereien", fügte er hinzu, „schießen allerorts wie Pilze aus der Erde. Bei der be-

[1] Die brasilianischen Baumwollausfuhren, die in der Hauptsache nach England und Portugal gingen, gestalteten sich in dem letzten Jahrzehnt folgendermaßen:

Jahre	t	Wert in Milreis		Durchschnittspreis je kg in Reis Papier
1910	11 160	7 973 732 $	Gold	1 $ 206
1911	14 647	8 713 568 $	,,	1 $ 004
1912	16 774	9 221 294 $	,,	$ 928
1913	37 424	34 615 000 $	Papier	$ 925
1914	30 434	28 247 000 $	,,	$ 928
1915	5 228	5 497 000 $	,,	1 $ 051
1916	1 071	2 400 000 $	,,	2 $ 241
1917	5 941	15 091 000 $	,,	2 $ 540
1918	2 594	9 700 000 $	,,	3 $ 739
1919	12 153	36 708 000 $	,,	3 $ 020

stehenden Schutzzollpolitik wird es den Manchesterartikeln mit
der Zeit schwer werden, ihre bisherige Position in Brasilien weiterhin zu erhalten." Daß er damit recht behielt, beweisen die brasilianischen Einfuhrstatistiken des letzten Jahrzehnts, die den
starken Rückgang des Imports ausländischer Baumwollwaren
deutlich erkennen lassen.

Richtig zur Geltung kam jedoch die Leistungsfähigkeit der
brasilianischen Textilindustrie erst während des Krieges. Das
frühere deutsche Baumwollgeschäft nach Brasilien hörte als
natürliche Folgeerscheinung des Krieges gänzlich auf, und auch
die britischen Fabrikanten waren aus den verschiedensten
Gründen nicht mehr in der Lage, größere Mengen ihrer Produktion
an das Ausland abzugeben. Zwar versuchten die Nordamerikaner unter Ausnutzung der für sie günstigen Kriegskonjunktur
den früheren europäischen Textilwarenimport an sich zu reißen;
ihre Geschäfte konnten jedoch bei der Abneigung der nordamerikanischen Spinnereien, auf Anweisung des Käufers Spezialartikel
anzufertigen, und wegen des komplizierten brasilianischen Zolltarifs, an den sich die nordamerikanischen Fabrikanten nur schwer
gewöhnen können, keine rechten Fortschritte machen. So war
der brasilianische Konsument fast ausschließlich auf die Erzeugnisse der heimischen Produktion angewiesen, und er schränkte
sein Kaufbedürfnis im Ausland um so stärker ein, als ihn die
Qualitäten der heimischen Produktion vollauf befriedigten.

Wenn es der brasilianischen Baumwollindustrie trotz ihres gewaltigen Aufschwungs nicht gelungen ist, den durch den Krieg
hervorgerufenen Ausfall der europäischen Einfuhr auch auf
anderen südamerikanischen Märkten zu ersetzen, so hängt dies
neben technischen Schwierigkeiten — veraltete und abgenutzte
Maschinen konnten während des Krieges nur schwer oder überhaupt nicht erneuert werden — in erster Linie damit zusammen,
daß ihre Fabrikate infolge der enormen Preissteigerung des Rohmaterials, die von 1914—1917 rund 100 % ausmachte, sowie der
durch die hohen Löhne verursachten hohen Erzeugungskosten mit
denjenigen der eigentlichen Industrieländer nicht konkurrenzfähig bleiben konnten.

Der Zeitpunkt dürfte jedoch nicht allzu ferne liegen, wo man
auf den südamerikanischen Märkten hinsichtlich der Textilbranche
mit einer nicht zu unterschätzenden brasilianischen Konkurrenz zu rechnen hat. Die Ausstellung der brasilianischen
Textilindustrie, die von Mai bis Juni 1918 in Buenos Aires
stattfand, und an der sich fast alle in Frage kommenden Textilfabriken Brasiliens beteiligten, hatte jedenfalls einen vollen Erfolg
und erbrachte den Beweis für die außerordentliche Leistungsfähigkeit dieser Industrie, so daß das rege Interesse für brasilianische Gewebe auf den argentinischen Märkten durchaus verständlich erscheint. Die brasilianische Regierung beschloß übrigens, angeregt

durch den in Buenos Aires erzielten guten Erfolg, in dieser Stadt, in Montevideo und anderen wichtigen Plätzen am La Plata ständige Musterausstellungen von Baumwollgeweben brasilianischer Herstellung einzurichten und beauftragte den „Centro Industrial do Brazil" amtlich mit deren Durchführung.

g) Verschiedene Kulturen.

Mais. Eine der wichtigsten und zugleich rentabelsten Körnerfrüchte ist für die brasilianische Landwirtschaft, insbesondere für den Kolonisten, der Mais (milho), der in allen Staaten Brasiliens bis zu einer Höhe von 800 m gut gedeiht und geschroten zum Brotbacken das Mehl oder gekocht die nahrhafte Polenta und eine gute Suppe liefert und dessen Stroh als Brennmaterial dient. Unentbehrlicher noch ist dem Kolonisten der Mais als Futtermittel für die Viehwirtschaft; als Kraft-, Milch- und Mastfutter nimmt diese Frucht die erste Stelle ein; sie bildet die Grundlage aller Viehhaltung vom Großvieh bis zum Geflügel.

In den Südstaaten wird die Maispflanze, der sowohl Moor- und Sand- wie schwerer Boden zusagt und die besondere Pflege nicht erfordert, gewöhnlich von Anfang August bis in die erste Hälfte des Oktobers hinein angepflanzt, wobei darauf zu achten ist, daß die Saatzeit nicht zu frühzeitig erfolge wegen der Fröste, gegen die der Mais empfindlich ist, und daß die Pflanzweite nicht zu eng gewählt werde, namentlich wenn Mais als Zwischenfrucht unter anderen Pflanzungen, z. B. Zuckerrohr, verwendet wird. Mit einem sichern Ertrag kann gerechnet werden, wenn die Vorbereitung des Bodens für die Aufnahme der Saat eine zweckentsprechende ist, d. h. das Pflügen möglichst frühzeitig erfolgt, damit die Winterfeuchtigkeit der Scholle erhalten bleibe, und die Auswahl des Saatgutes selbst eine sorgfältige ist. Als besonders ertragreiche Sorten gelten der kanadische Mais, Lady Corn, ungarischer Mais, Perlmais, chinesischer Mais sowie die englische Züchtung King Philip.[1]

Während der Entwicklung eines rationellen Maisanbaus in Brasilien der Mangel an Transportmitteln, die hohen Frachttarife usf. lange Zeit hindernd im Wege standen, hat man gerade in den letzten Jahren dieser Kultur, namentlich in den Staaten Rio Grande do Sul[2], Minas Geraes und São Paulo erhöhtes Interesse

[1] Vergl. dazu den Aufsatz des Landwirtschaftslehres Perseke: Vom Maisanbau; „Deutsches Volksblatt". Porto Alegre vom 30. 9. 1914. Rentabilitätsberechnungen über brasilianische Zerealien und Hülsenfrüchte finden sich im „Bulletin de la Chambre de Commerce Française de Rio de Janeiro", Jhrg. 20, Nr. 215, S. 3 ff. Rio de Janeiro 1919.
[2] Die überragende Stellung, die der Maisanbau innerhalb der Haupterzeugnisse der landwirtschaftlichen Produktion des Staates

entgegengebracht, so daß Brasilien aus einem Mais importierenden
Land zu dessen Ausfuhr übergehen konnte. Noch im Jahre 1906
betrug die Einfuhr dieser Körnerfrucht 24 973 t; 10 Jahre später
war sie bereits auf 1 282 t zurückgegangen, und im Jahre 1917
wurden nur noch 187 t aus dem Auslande aufgenommen. Das
Jahr 1916 verzeichnete bereits eine Maisausfuhr von 4 933 t
(812 Contos), die im Jahre 1917 auf 24 054 t (3 927 Contos) stieg,
um allerdings im darauf folgenden Jahre wieder auf 14 175 t
(3 536 Contos) zurückzugehen. Noch müssen diese Ausfuhrzahlen,
an der Weltproduktion (durchschnittlich 90—100 Mill. t jährlich)
und der Aufnahmefähigkeit des europäischen Kontinents bemessen, verschwindend gering erscheinen; hat sich jedoch erst in
Brasilien die Überzeugung durchgerungen, daß gerade hinsichtlich
der Maisanpflanzungen die bisher geübte Urwaldwirtschaft mit
der Kampwirtschaft vertauscht werden, d. h. der Kleinbetrieb
dem rationellen Großbetrieb weichen muß, dann dürfte bei den
natürlichen Vorbedingungen des Landes die Zeit nicht fern sein,
wo Brasilien mit den Erzeugnissen der Großproduzenten Nordamerika und Argentinien erfolgreich in Wettbewerb treten könnte.

Reis. Auch dem Anbau von Reis, der in Brasilien ein allgemein beliebtes und von Reich und Arm täglich genossenes
Nahrungsmittel bildet, hat man lange Zeit keineswegs die er-
forderliche, den klimatischen wie Bodenverhältnissen entsprechende
Beachtung geschenkt, so daß Brasilien zur Deckung seines enormen
Bedarfs noch bis in die Kriegszeit hinein jährlich Zehntausende
von Tonnen einführen mußte, während es bei Ausnutzung seiner
natürlichen Vorbedingungen mit Leichtigkeit nicht nur seinen
eigenen Bedarf vollauf befriedigen, sondern noch weit größere Mengen ausführen könnte. Seit der Wende des Jahrhunderts ist zwar
eine Steigerung der Produktion unverkennbar. Denn während
Brasilien noch im Jahre 1902 mehr als 100 000 t Reis einführte,

Rio Grande do Sul einnimmt, möge an folgender Zusammenstellung ermessen werden:

Artikel	Bebaute Fläche in 1000 ha		Ertrag in 1000 t	
	1916/17	1918/19	1916/17	1918/19
Mais	632	671	1 580	1 410
Bohnen	78	90	78	99
Reis	43	57	112	114
Luzerne	25	30	126	165
Weizen	70	117	84	140
Mandioka	60	65	120	135
Zwiebeln	8	3	85	25
Kartoffeln	33	37	165	112
Matte	185	190	167	171
Reben	28	30	84	90
Zuckerrohr	43	45	27	32

fiel dessen Import bereits im folgenden Jahre auf 73 590 t und
10 Jahre später auf etwas über 10 000 t und im Jahre 1914 auf
nur 6 555 t. Da der Reiskonsum in dieser Zeit eher zu- als abgenommen hat, kann als Grund für den Rückgang der Einfuhr
nur eine heimische Produktionssteigerung angeführt werden, die
weiterhin in den Kriegsjahren so intensiv durchgeführt wurde,
daß Brasilien im Jahre 1916 zu einem Reisexport von 1 315 t
(565 Contos) übergehen konnte, der sich im Jahre 1917 sprunghaft
auf 44 639 t (24 093 Contos) erhöhte, um allerdings im letzten
Kriegsjahre 1918 wieder auf 27 916 t (18 702 Contos) zu fallen.
Die Exportpreise, die für Reis (je kg) während des Krieges erzielt
wurden, betrugen: 1913 $475, 1914 $421, 1915 $531, 1916 $430,
1917 $540, 1918 $670, 1919 $689 Papier.
Am stärksten beteiligt sind an der brasilianischen Reispro-
duktion die Staaten São Paulo (Munizip Iguapé) und Rio
Grande do Sul (Munizip Cachoeira), wo bereits große Reisan-
pflanzungen mit modernen Einrichtungen und neuzeitlichen Reis-
mühlen anzutreffen sind, während noch in vielen anderen brasilianischen Staaten, vor allem im Norden, Raubbau in der aller-
primitivsten Form getrieben wird. Unter allen brasilianischen
Staaten wendet wohl die Regierung von São Paulo dem Reisanbau
das größte Interesse zu, die eigens zu diesem Zweck in den letzten
Jahren Hunderte von japanischen Kolonistenfamilien auf ihrem
Gebiete ansiedelte, um eine großzügige Reiskultur durchführen
zu können.
Die in Brasilien am meisten gezüchtete Reisart ist ,,Carolina'',
wenn auch daneben noch andere Arten von Bergreis wie ,,Pachola
branca'' und ,,Pachola vermelha'' zum Anbau gelangen. Die
Pflanzzeit erstreckt sich je nach der Art des Saatgutes und den
klimatischen Bedingungen gewöhnlich von den Monaten August bis
Dezember. Geerntet wird im März und April. Der Ertrag
schwankt zwischen 8—10 Sack zu 60 kg je Morgen. Außer zu
Speisen wird der Reis von den Kolonisten auch gerne, gemahlen
und mit anderm Mehl vermischt, zum Brotbacken verwendet.
Ungeschälter Reis liefert zudem auch ein gutes Hühnerfutter.

Weizen. Noch bis in die dreißiger Jahre des neunzehnten
Jahrhunderts hinein produzierten fast alle südlichen Provinzen
Brasiliens Weizen, Roggen, Gerste und sonstige Zerealien, und
im Norden wurde Getreide in den höher gelegenen Teilen von
Espirito Santo und Bahia angebaut. Allein der Staat Rio Grande
do Sul versorgte nicht nur die großen inländischen Verbrauchszentren mit Körnerfrüchten jeder Art, sondern war sogar infolge
seines Produktionsüberflusses noch in der Lage, größere Mengen
an das Ausland abzugeben. Da versiegte plötzlich diese Quelle
nationalen Reichtums. In den südlichen Provinzen, namentlich
in Rio Grande do Sul, trat eine epidemische Getreidekrankheit,

der durch kleine Schmarotzerpilze verursachte „Brand", auf, und die dortigen Ackerbauer, die dieser Krankheit ratlos gegenüberstanden, verzichteten zugunsten der Viehzucht auf den Getreidebau. Auch in anderen Provinzen mußten die Zerealienkulturen dem Anbau von Kaffee, Baumwolle, Zuckerrohr usf. weichen, so daß Brasilien aus einem Getreide exportierenden ein importierendes Land wurde und es bis zu dem heutigen Tage blieb, wenn auch die durch den Krieg hervorgerufenen hohen Produktionspreise in den Weizenländern ein stärkeres Interesse für einen erweiterten Anbau in Brasilien mit sich brachten und die Importziffern für Weizen und Weizenmehl herabdrückten.

Nach einem Bericht[1] des holländischen Vizekonsuls in Santos stellten sich die Einfuhren von Weizen und Weizenmehl in Brasilien in den Jahren 1912—1917 folgendermaßen:

Jahre	t	Weizen Wert in Contos	Durchschnitts- preis je kg
1912	381 286	43 347	$113 Papier
1913	438 426	49 365	$112 ,,
1914	382 295	48 681	$127 ,,
1915	370 745	82 139	$222 ,,
1916	423 872	89 369	$211 ,,
1917	181 955	60 535	$333 ,,

Jahre	t	Weizenmehl Wert in Contos	Durchschnitts- preis je kg
1912	189 655	36 260	$191 Papier
1913	170 160	32 022	$188 ,,
1914	133 589	27 465	$205 ,,
1915	123 812	38 560	$299 ,,
1916	118 121	36 657	$310 ,,
1917	110 882	59 188	$534 ,,

Einen neuen Aufschwung hatte der brasilianische Getreideanbau im Staate Rio Grande do Sul erst wieder im Jahre 1900 zu verzeichnen, um welche Zeit auch erfolgreiche Anbauversuche in den Staaten Minas Geraesi São Paulo und Santa Catharina durchgeführt wurden. Behördliche Förderung wird der Zerealienkultur seit ungefähr einem Dezennium zu teil. Um das Jahr 1908 erzeugte der Staat Rio Grande do Sul bereits 20 000 t und steigerte seine Produktion fortgesetzt auf 84 000 t im Jahre 1916 und schätzungsweise auf 100 000 t im Jahre 1917. In den Staaten Paraná, Santa Catharina, Minas Geraes und São Paulo nimmt

---

[1] Vgl. „Handelsberichten". Amsterdam Nr. 610 v. 21. 11. 1918.

der Getreideanbau dank der staatlichen Unterstützung[1] ebenfalls
von Jahr zu Jahr zu. Die in den Nordstaaten Pará, Ceará, Pernambuco und Espirito Santo angestellten Anbauversuche zeitigten
weniger günstige Ergebnisse, so daß die besten Getreidegegenden,
die bei einiger Anstrengung in wenigen Jahren die für den Inlands-
verbrauch benötigten Getreidemengen und noch darüber hinaus
liefern könnten, wohl in den Staaten Rio Grande do Sul, Santa
Catharina, Paraná, Minas Geraes und Goyaz liegen dürften.
Sollte es der brasilianischen Landwirtschaft gelingen, ihre Ge,
treideproduktion rationell und im größten Umfange zu steigern
so müßte sich das alte ökonomische Axiom, daß die wirtschaftliche
Zukunft demjenigen Lande gehört, das, im Besitze reicher Eisen-
und Kohlenschätze, möglichst viel Getreide erzeugen kann, für
Brasilien bewahrheiten. An der Verwirklichung dieser hohen
Aufgabe, zu der Brasilien durch seine natürlichen Reichtümer
berufen ist, könnten gerade die europäischen Ansiedler in den
Südstaaten nicht zum geringsten Teil beitragen.

Bohnen. Zusammen mit Mandiokamehl, Reis und Trockenfleisch
bildet die kleine, schwarzblaue Bohne (feijão preto), die haupt-
sächlich in den Südstaaten angebaut wird und auch in keiner
Kolonistenwirtschaft fehlt, die Grundlage der „feijoada", des
Nationalgerichts der Brasilianer. Gepflanzt wird die schwarze
Bohne im Süden des Landes zweimal jährlich vom Juli bis Anfang
Oktober und dann wieder von Ende Januar bis zum März,
und zwar meist als Zwischenfrucht zwischen Mais und Knollen-
gewächsen, jungen Kaffeepflanzungen, Zuckerrohr usf. Die
Haupternte (feijão da secca), d. h. die Ernte während der trockenen
Jahreszeit, vollzieht sich in Rio Grande do Sul gewöhnlich im
Dezember, in São Paulo und Minas Geraes von April bis Juni, in
Rio de Janeiro von Juni bis Juli und in Nordbrasilien im August
und September. Die zweite Ernte (feijão das aguas) fällt in die
jeweilige Regenperiode der einzelnen Staaten; doch ist die Qualität
der Bohnen aus zweiter Ernte minderwertiger, da diese leicht
verderben. Deshalb werden die zum Versand bestimmten Bohnen
neuerdings gerne sterilisiert.

Die Produktion der Bohne hat während des Krieges eine starke
Zunahme erfahren, so daß Brasilien, das in den Jahren mittlerer
oder geringer Ernte zur Deckung seines enormen Konsums diese

---

[1] Von den neueren Maßnahmen der Bundesregierung zur Hebung des
Getreideanbaus, deren Bestrebungen von den Regierungen des Einzelstaaten in tatkräftigster Weise unterstützt werden, sind, neben
der Bewilligung eines Kredits von 1500 Contos für den Ankauf von
Saatgetreide, die für jeden mit Getreide bebauten Hektar gewährten
Prämien in Form von Geld sowie von landwirtschaftlichen Geräten
und Maschinen zu nennen („Diario Oficial". Rio de Janeiro, vom
9. 3. 18).

Hülsenfrucht noch aus dem Auslande einführen **mußte** — im letzten Vorkriegsjahre betrug dieser Import beispielsweise 2607 t —, während des Krieges zu deren Export übergehen konnte. Ausgeführt wurde neben kleineren Mengen von schwarzen und weißen Bohnen in der Hauptsache die stark proteïnhaltige „feijão mulatinho" (braune Bohne), deren Verschiffungen fast ausschließlich in die Ententeländer gelangten:
Bohnenausfuhr aus Brasilien während der Jahre 1915—1919 (in t):

Bestimmungsländer	1915	1916	1917	1918	1919 (9 Mon.)
Argentinien	154	57	278	151	—
U. S. A.	—	7 464	14 905	809	546
Frankreich	2	34 138	34 657	16 740	19 293
England	—	1 852	35 998	39 754	4 065
Italien	—	1 023	5 799	11 460	4 652
Uruguay	120	978	1 442	1 238	23
andere Länder	28	305	457	762	2 060
Insgesamt:	304	45 817	93 536	70 914	30 639
Wert in Contos	105	13 813	40 626	31 299	11 098
Durchschnittspreis je kg in Reis Papier	$347	$301	$434	$441	$362

Knollengewächse. Unter den Knollengewächsen, deren Mannigfaltigkeit in der brasilianischen Feldwirtschaft den europäischen Landwirt überraschen muß, nimmt die Mandioka (manihot utilissima), eine Euphorbiaceenart, die für den Brasilianer dasselbe bedeutet, was für die europäischen Völker der Roggen oder Weizen, und ihm das unentbehrliche Mandiokamehl (farinha de mandioca) liefert, eine weitaus überragende Stellung ein. Die zahlreichen Varietäten dieser Pflanze werden in 2 Klassen: „mandiocas mansas"[1] und „mandiocas bravas" eingeteilt. Während das Mehl der ersteren, deren Wurzeln in rohem Zustande eßbar sind, wenig geschätzt wird, liefern die letztern, ursprünglich giftig, nach der erforderlichen Zubereitung — die Wurzeln werden gewaschen, geschabt und dann in einer Mühle zerrieben; unter starkem Auspressen wird die geriebene Masse von der giftigen Blausäure befreit und dann in einer großen, flachen, eisernen Pfanne zu Farin geröstet — das hochgeschätzte Mandiokamehl, das in den verschiedensten Formen genossen wird. Das feine Mehl (polvilho), das sich aus der beim Reiben und Pressen abgeschiedenen Flüssigkeit absetzt, wird zu Tapioka oder brasilia-

---

[1] Die bekannteste Art ist der Aipim (manihot aipi), dessen Mehl bisweilen als Ersatz für das Mandiokamehl verwandt wird; in der Hauptsache bildet diese Knollenfrucht jedoch ein vorzügliches Viehfutter.

nischem Sago verarbeitet. Angepflanzt wird die strauchartige
Mandiokapflanze, die oft eine Höhe von 2—2¹/₂ m erreicht, zweimal jährlich vom August bis Anfang November und dann wieder
im Februar und März. Geerntet wird die Mandiokawurzel, der
leichter Sandboden am besten zusagt, in der Regel ein Jahr nach
der Anpflanzung.

Dank seiner vielfachen Verwendungsmöglichkeit und dem großen
Nährwert hat das Mandiokamehl auch in Europa schnell Aufnahme
und Anklang gefunden und ist namentlich während der Kriegszeit
ein gesuchter Welthandelsartikel geworden. Die Ausfuhr von
Mandiokamehl aus Brasilien stellten sich in den letzten Jahren
folgendermaßen:

Jahre	t	Wert in Contos	Durchschnittspreis je kg in Reis Papier
1913	4 876	703	$144
1914	4 728	589	$144
1915	4 629	837	$181
1916	5 370	1 352	$252
1917	18 745	5 264	$281
1918	65 322	28 424	$435
1919	21 834	7 135	$327

Von weiteren Knollengewächsen ist dann die Kartoffel (batata
ingleza) zu nennen, die namentlich auf dem Hochlande gut gedeiht und ebenfalls zweimal jährlich angepflanzt wird. In den
beiden letzten Kriegsjahren wurden über 5000 t jährlich ausgeführt,
was auf eine starke Anbausteigerung während der Kriegszeit
schließen läßt. Als wichtiges Knollengewächs kommt für den
Ansiedler in Südbrasilien weiterhin die süße Kartoffel (batata
doce) in Betracht, die sich ihres reichen Ertrages wegen vorzüglich
zum Verfüttern für Schweine und Rindvieh eignet.

Mehr zu Futterzwecken als für menschliche Nahrung wird auch
die Cará verwandt, die jedoch weniger mehlig als die europäische
Kartoffel ist. Sonstige Knollengewächse, die noch in Brasilien
zum Anbau gelangen, sind die Taja (Colocasia esculenta), deren
junge Blätter gerne als Gemüse (Spinat) genossen werden, der
Mangorito und die Inhame oder Yams (Dioscorea alata L.),
die die Hauptknollenfrucht für Schweinefutter darstellt. Ein
ebenso vorzügliches Mastfutter liefert auch die Knolle des Arrow-
root (Maranta arundinacea), aus der außerdem das bekannte,
leicht verdauliche Arrowrootmehl hergestellt wird.

Die Kultur der in Brasilien gedeihenden Gemüsearten ist
dieselbe wie in Europa. Die Aussaat der Mohrrüben, Rettige,
Kohlrüben sowie der verschiedenen Kohlarten usf. geschieht von
Ende März bis Anfang Juni. Empfehlenswert ist der Anbau von
brasilianischem Kohl (couve), der äußerst ertragreich ist und das
ganze Jahr hindurch geerntet werden kann.

h) Wein- und Obstbau.

Fast gleichzeitig mit der Besiedelung des Hochlandes von Rio Grande do Sul durch italienische Kolonisten begann in diesem Staate auch der Weinbau,[1] der seitdem einen bemerkenswerten Aufschwung genommen hat, da Klima wie Boden der Rebenzucht förderlich sind. Auch im Staate São Paulo, wo man sich insbesondere der Produktion von Tafeltrauben widmet, gewinnt diese Kultur immer mehr an Bedeutung. Besonders geschätzt sind die Weine von Tieté, Tatuhy, Sorocaba und Cunha. Die Weinproduktion in den Staaten Minas Geraes, Paraná und Santa Catharina genügt, um einen Teil des heimischen Konsums zu decken. Bei richtiger Ausnutzung der natürlichen Vorbedingungen, bei Verbesserung der Anbaumethoden und Keltereiprozesse müßten die brasilianischen Südstaaten in der Lage sein, durch eine erhöhte Produktion die großen Summen, die jährlich für importierten Wein ins Ausland gehen, an sich zu ziehen.

Hinsichtlich der in überreicher Fülle gedeihenden Obstarten Brasiliens kann das weite Gebiet in zwei ganz verschiedene Zonen eingeteilt werden. Die erste, die man die tropisch-maritime nennen könnte, umfaßt das ganze Amazonasbecken und die Küste des atlantischen Ozeans und erstreckt sich bezüglich des Klimas bis über den Wendekreis des Steinbocks. Diese Zone bringt alle tropischen Früchte hervor; besonders gut gedeihen, neben der Ananas und der Banane, der Apfelsinen- und Zitronenbaum. Die zweite Zone, die gemäßigte, umfaßt Teile der Staaten Goyaz, Matto Grosso, Minas Geraes sowie Paraná, Santa Catharina und Rio Grande do Sul und eignet sich für die Kultur aller Fruchtbäume der Länder mit gemäßigtem Klima, die eine Temperatur bis fast 0° Réaumur aushalten.

Die äußerst ergiebige und leicht zu ziehende Banane wird in den Südstaaten Brasiliens viel gepflanzt und auch nach dem La Plata exportiert. Von den zahlreichen Arten sind vor allem die Goldbanane, die feinste im Geschmack, die S. Thomé, die „banana da terra" sowie die Zuckerbanane zu nennen. Die ergiebigste unter allen Varietäten ist jedoch die sogenannte „nanica", (Zwergbanane), deren „cachos" (Fruchtbündel) oft ein Gewicht von über 25—30 kg erreichen. Die Banane ist, roh oder in verschiedener Zubereitung genossen, wegen ihres hohen Nährwertes ein allgemein geschätztes und billiges Nahrungsmittel, das namentlich in den U. S. A. viel verbraucht wird. Außerdem eignet sich die Banane, insbesondere die Zwergbanane, vorzüglich zur Viehfütterung. Noch in unreifem Zustande gekocht, liefert sie gute Tränke für Milchkühe. Eine reichliche Anpflanzung dieser wert-

---

[1] Vgl. „Weinkultur in Brasilien" sowie „Die Früchte Brasiliens"; „Handelsanzeiger Brasiliens und der übrigen Länder Südamerikas". Hamburg, Nr. 11 vom 1. 4. 15 bezw. Nr. 3 vom 1. 11. 14.

vollen Frucht, deren Fasern neuerdings auch industriell zur Herstellung von Geweben verwertet werden, ist daher jedem Ansiedler dringend zu empfehlen.

Die aus der Familie der Bromeliaceen stammende Ananas, deren beste Art „abacaxi" genannt wird, kommt in ganz Brasilien vor; große Abacaxianpflanzungen finden sich indes in den Staaten Pernambuco und Rio de Janeiro. Die äußerst schmackhafte Frucht wird frisch gegessen oder zur Herstellung von Branntwein und Marmelade verwendet.

Unter den Obstbäumen Brasiliens wäre weiterhin der Orangebaum zu nennen, der auch in den Südstaaten in keinem Kolonistenheim fehlt. Die hauptsächlich vorkommenden Sorten sind der Pomeranzenbaum, der gewöhnliche Apfelsinenbaum, der Mandarinenbaum und der Pamplemoussebaum. Besonders geschätzt sind die Bahia- und Rio-Orangen, die bereits einen großen Handelsartikel der brasilianischen Binnenmärkte bilden. Bei der guten Qualität und überaus reichen Produktion der brasilianischen Apfelsine könnte diese ebenso wie die „limão" genannte Zitrone leicht ein Exportartikel von großer Ausdehnung werden.

Zur Herstellung der weltberühmten „Marmeladen", die namentlich in Rio de Janeiro und einigen Südstaaten Brasiliens fabriziert werden, dient die Marmelle, daneben auch die Früchte der Guayavabaumes (goiaba), des Pfirsich- und Cajubaumes. Von weiteren Früchten wären noch erwähnenswert: die „manga", die „mamão", die „ameixa" (Pflaumenart), „gavirova", „pitanga", „araça", „jaboticaba", ferner „cabijú", „amóra", „abacate" usw. usw. Schließlich sei noch die Erdbeere (morango) genannt, die in ganz Mittel- und Südbrasilien gedeiht und gute Erträge liefert.

Im Verhältnis zu den überreichen Produktionsmöglichkeiten von Tafelfrüchten in Brasilien ist der Handel in dem eigentlichen Tafelobst sowohl auf den Binnenmärkten zwischen den einzelnen Staaten als auch nach Europa und den U. S. A. noch wenig entwickelt. Die Obstausfuhr beschränkt sich fast ausschließlich auf Ölfrüchte und Bananen, wobei als ausführende Staaten in erster Linie São Paulo, Paraná, Pará und Santa Catharina in Betracht kommen. Die Hauptabnehmer für brasilianische Früchte sind in Amerika die U. S. A., Argentinien und Uruguay und in Europa England und Deutschland. Die U. S. A., England und Deutschland beziehen besonders Ölfrüchte, während Argentinien und Uruguay in der Hauptsache Bananen, Ananas und Kokosnüsse einführen.

Andererseits führt Brasilien trotz seiner Fruchtreichtümer immer noch jährlich eine nicht unbedeutende Menge frischer und getrockneter Früchte aus Europa, insbesondere aus Portugal, Spanien, Italien und Frankreich ein. In den letzten Jahren bezifferte sich dieser Import auf durchschnittlich 6000—7000 Contos jährlich.

9. Viehzucht und Viehprodukte.

Die natürlichen Vorbedingungen für einen rationellen Viehzuchtbetrieb sind in fast allen Teilen Brasiliens die denkbar günstigsten. „Brasilien ist gegenwärtig," schrieb der Paulistaner Deputierte Cincinato Braga im Jahre 1915, „von allen Ländern der Welt dasjenige, das die weitest ausgedehnten, zur Viehzucht geeigneten Landstrecken besitzt; man könnte die derzeitigen Bestände leicht verzehnfachen, die Zahl des Hornviehs auf 300 Mill. bringen, ohne dadurch die Landwirtschaft in ihren Entwicklungsmöglichkeiten irgendwie zu hemmen. Das vorzügliche Weideland hat den unschätzbaren Vorteil, den Herden das ganze Jahr hindurch ohne Unterbrechung ein ebenso reichliches und zartes wie durchaus nahrhaftes Futter zu bieten." Um so verwunderlicher könnte es demnach erscheinen, daß die brasilianische Viehzucht während mehrerer Jahrhunderte so gut wie gar keine Fortschritte gemacht hat. Der Grund für die lange Vernachlässigung ist aber nach Schüler darin zu suchen, daß die Viehzucht selbst in der bisher betriebenen, wenig rationellen Weise hohe Gewinne abwarf, so daß die Besitzer es vorzogen, bei den alten Gewohnheiten zu bleiben und vor neuen kostspieligen Experimenten zurückscheuten. Eine durchgreifende Besserung ist erst seit der Schaffung der „Directoria Geral da Agricultura e Industria animal" im Jahre 1906 zu verzeichnen, die, wie das Gesetz Nr. 1606 vom 29. 12. 1906 betont, in der Absicht errichtet wurde, „den Viehzüchtern des Landes die Mitarbeit des Staates in allem, was den Fortschritten der Viehzucht und deren Entwicklung dienlich sein kann, zu gewährleisten". Diesem Dienst, der unmittelbar dem Ministerium für Landwirtschaft, Handel und Industrie untersteht und 5 Abteilungen — die zootechnische, bromatologische, veterinäre, ökonomische und laktinologische Abteilung — umfaßt, fällt die Aufgabe zu, sich mit dem Studium aller die Viehzucht und die Rasseverbesserung betreffenden Fragen zu befassen, den Viehzüchtern die praktische Kenntnis der vollendetsten und den Landesverhältnissen entsprechenden zootechnischen Methoden zu vermitteln, die Einfuhr ausgesuchten und rassereinen Zuchtmaterials in die Wege zu leiten, die Aufstellung von Stammbäumen (studbooks, herdbooks) zu organisieren, den Viehzüchtern alle für die Errichtung von Ställen und sonstigen Viehunterkünften erforderlichen Informationen zu erteilen, sich mit dem experimentellen Studium der Futterverhältnisse zu befassen und die Viehzüchter über den Wert der einheimischen sowie handelsüblichen Futterarten aufzuklären, die veterinäre Inspektion und die Bekämpfung der Viehseuchen durch Überwachung der Ställe, Märkte und Schlachthäuser durchzuführen, die modernen Verfahren der Milchverwertung zu studieren, Genossenschaften zwecks Butter- und Käsebereitung ins Leben zu rufen und endlich alle statistischen wie informatorischen Daten hinsichtlich des Handels mit Vieh und Viehprodukten zu sammeln sowohl hinsichtlich der Konservierung und des Transports dieser Produkte als auch der Möglichkeiten, neue Absatzmärkte zu schaffen. Wir müssen es uns des knapp bemessenen Raumes wegen versagen, die großen Verdienste, die sich die „Directoria da Industria animal" seit ihrem Bestehen um die Förderung und Entwicklung der brasilianischen Viehzucht erworben hat, hier näher darzulegen.

Viehbestand Brasiliens im Jahre 1916:

	Rinder	Pferde	Maultiere und Esel
Acre-Territorium	13 210	5.0	6 570
Alagôas	277 500	96 590	27 990
Amazonas	133 210	8 740	4 560
Bahia	2 850 310	809 940	614 030
Ceará	529 580	218 300	166 270
Bundesdistrikt	17 430	5 600	16 670
Espirito Santo	176 230	78 590	95 070
Goyaz	1 934 830	265 330	91 950
Maranhão	706 790	148 590	38 410
Matto Grosso	2 717 550	140 490	22 090
Minas Geraes	6 342 600	1 505 600	832 440
Pará	578 620	57 650	9 380
Parahyba	371 310	106 760	86 320
Paraná	587 890	217 090	121 920
Pernambuco	599 600	211 980	105 130
Piauhy	894 870	164 690	71 030
Rio de Janeiro	556 310	142 890	101 200
Rio Grande do Norte	362 750	95 680	78 680
Rio Grande do Sul	6 657 940	1 056 110	263 720
Sta. Catharina	562 300	140 070	56 870
São Paulo	1 792 880	497 970	372 230
Sergipe	298 560	96 040	39 380
Zusammen	28 962 180	6 065 230	3 221 910
Zu- bezw. Abnahme gegenüber 1912	— 1 743 220	— 1 224 460	+ 13 970

	Ziegen	Schafe	Schweine
Acre-Territorium	1 260	2 040	7 140
Alagôas	251 680	183 530	105 110
Amazonas	7 640	12 810	32 270
Bahia	2 779 820	1 841 900	1 435 080
Ceará	464 470	320 950	192 440
Bundesdistrikt	5 500	3 020	12 300
Espirito Santo	44 980	36 260	361 010
Goyaz	83 800	78 040	1 225 680
	3 636 550	2 678 550	3 371 030

	Ziegen	Schafe	Schweine
Übertrag	3 636 550	2 678 550	3 371 030
Maranhão	218 060	84 820	305 870
Matto Grosso	18 310	47 530	231 150
Minas Geraes	426 330	460 460	5 685 870
Pará	17 820	33 570	145 460
Parahyba	341 190	189 560	55 650
Paraná	67 770	79 200	854 670
Pernambuco	710 830	356 520	229 820
Piauhy	420 820	256 060	274 500
Rio de Janeiro	89 670	63 510	602 560
Rio Grande do Norte	352 000	207 510	55 080
Rio Grande do Sul	76 280	2 622 920	2 265 540
Sta. Catharina	19 030	29 770	394 740
São Paulo	346 610	149 480	2 744 400
Sergipe	175 680	145 460	122 870
Zusammen	6 919 550	7 204 920	17 349 210
Zu- bezw. Abnahme gegenüber 1912	— 3 129 020	— 3 345 010	— 1 071 320

Der merkliche Rückgang der brasilianischen Viehbestände während des Krieges ist neben verheerenden Viehseuchen und der Ausfuhr von lebendem Vieh nach den La Plata-Staaten hauptsächlich der Trockenheit des Jahres 1914 im Norden und Nordosten der Republik sowie dem gewaltigen und zu plötzlichen Aufschwung der als unmittelbare Folge des Weltkrieges entstandenen Gefrierfleischindustrie und dem damit zusammenhängenden spekulativen Raubbau an den Viehbeständen zuzuschreiben, der die Regierung zu einem zeitweiligen Verbot der Schlachtungen wie des Gefrierfleischexports veranlaßte.

Bevor auf die einzelnen Tiergattungen näher eingegangen werden soll, mögen hier zunächst einige allgemeine Bemerkungen über den brasilianischen Viehzuchtbetrieb Raum finden[1].

Brasilien kann in drei viehzüchtende Zonen eingeteilt werden: die südliche Ebene, das Zentralplateau, das die Staaten Goyaz, Matto Grosso, Minas Geraes, den Westen von São Paulo und die „sertões" von Bahia, Piauhy und Maranhão umfaßt, und endlich die Ebenen des Nordens, die sich der Meeresküste entlang vom Kap São Roque bis zur Marajóinsel erstrecken, sowie diejenigen Amazoniens. Bei der ungeheuren Ausdehnung dieser Zonen ist die mannigfache Verschiedenheit der natürlichen und wirtschaftlichen Vorbedingungen der brasilianischen Viehzuchtindustrie leicht verständlich; ändern sich diese doch je nach der Boden- und Pflanzenbeschaffenheit, den klimatischen Verhältnissen, der

[1] Vgl. auch Léon Lofty im „Bulletin de la Chambre de commerce belge au Brésil".

Wasserverteilung und Höhenunterschiede, den Transportmitteln, den Produktions- und Verbrauchszentren, dem Charakter der Besitzungen, den Bodenpreisen, Arbeitslöhnen usw.

Die „estancias", die „fazendas de criação", wie man in Brasilien die Viehzuchtbetriebe nennt, umfassen im allgemeinen mehrere Quadratmeilen, und da eine brasilianische Meile mehr als $6^1/_2$ km zählt, verfügen sie oft über ein Gelände von 8000 bis 25 000 ha. Eine Quadratmeile Weideland beherbergt gewöhnlich 1500—2000 Stück Hornvieh oder Pferde; im Durchschnitt rechnet man für ein Tier je nach der Art der Weide 2—3 ha. Künstlich angelegte Weiden trifft man selten; das natürliche Weideland bringt im allgemeinen nahrhafte Futtergräser hervor, von denen viele Sorten jedoch unter den Frösten sowohl wie unter der Trockenheit zu leiden haben. Von den Gramineen, die sich fur Futterzwecke besonders eignen, sind vor allem „gordura" oder „catingueiro" und „jaraguá" zu nennen. Die erstere Grasart, die auf jedwedem Boden und selbst in den trockensten Zonen gedeiht, zieht die Ebenen vor, während sich „jaraguá" besser an die höher gelegenen Landstriche gewöhnt, bei eintretender Trockenheit aber rasch reift und hart wird. Der jährliche Ertrag dieser Futtergräser beläuft sich für „catingueiro" auf mehr als 100 t, für „jaraguá" auf mehr als 130 t je ha. Abgesehen von den zahlreichen anderen „campins" (Futtergräsern), wie „Angola", „papuan", „São Martinho", „Colonia", „Milhá de Batataes", „craminha comun" usw., die jährlich 5—6 Schnitte und einen hohen Heuertrag ergeben, stehen dem Viehzüchter für die Zwischen- und Winterfütterung noch Zerealien, Futterrüben, die süße Kartoffel, Mandioka, Mais usf. zur Verfügung. „Alfafa" oder Luzerne, die lange Zeit aus dem Ausland importiert wurde, wird seit einigen Jahren in großen Mengen im Staate Rio Grande do Sul angebaut und nach den andern Staaten Brasiliens ausgeführt. Neuerdings beschäftigt sich die zootechnische Station in Pinheiros mit dem ausgedehnten Anbau einer „desmodium" genannten Gramineenart, deren Nährwert derselbe sein soll wie derjenige der Luzerne.

Der Kaufwert der „campos" — Kamp ist waldlose Grasfläche — ist sehr verschieden. Im Staate Paraná wird die Quadratmeile zu 4300 ha mit 15—45 Contos verkauft, in Rio Grande do Sul mit 50—400 Contos, in Santa Catharina mit 40—60 Contos. Im Staate São Paulo zahlt man durchschnittlich 200 Milreis Papier für den ha; in der Umgebung der Hauptstadt steigen die Preise bis zu 20 Contos je ha, während in Minas Geraes der Alqueire 100—170 Milreis Papier gilt. Die „pastos abertos" im Staate Bahia, die sich von der Meeresküste bis zu den „sertões" hinziehen, bilden eine Art Gemeingut der dortigen Viehzüchter.

Die Arbeit auf der Estancia wird im allgemeinen von verhältnismäßig wenig Personal geleistet. Eine Quadratmeile untersteht gewöhnlich einem „capataz", einer Art Oberaufseher, dem mehrere Aufseher (posteiros) und eine Anzahl Knechte (peões) zur Seite stehen, die in Piauhy unter dem Namen „fabricas", in Zentralbrasilien unter „campeiros", in Rio Grande do Sul unter dem Namen „gauchos" bekannt sind. Das Vieh lebt auf dem Kamp in völliger Freiheit, kennt kaum eine Unterkunft und nährt sich in der Hauptsache von dem Futter, das ihm die Weide bietet. Da die Kampgräser sämtlich arm an Salz sind, wird den Tieren monatlich, auf manchen Viehfarmen wöchentlich, Salz gestreut. Zweimal monatlich wird das Vieh in Gruppen von mehreren hundert Stück in einem „rodeio" zusammengetrieben und dort gezählt. Das 8—12 Monate alte Jungvieh wird alljährlich markiert und bei diesem Anlaß die zum Verkauf oder zur Zucht bestimmten Stücke ausgesondert. Im allgemeinen rechnet man je nach der Beschaffenheit des Weidelandes mit einer jährlichen Vermehrung des Viehbestandes von 20—30 %. Der vorherrschende Brauch, die Weiden abzubrennen, verfolgt den doppelten Zweck der Erneuerung des Weidelandes sowie der Vernichtung der Insekten, Schlangen und vor allem der „carrapatos" (Zecken), der schlimmsten Schädlinge des Rindviehs.

Das in Argentinien übliche Verfahren der „invernada" (Weidemast), die in dem Fettmachen der Tiere für die Bedürfnisse der Gefrierfleisch- und Trockenfleischanstalten sowie des einheimischen Konsums besteht, kommt auch in Brasilien, namentlich in den Südstaaten, zur Anwendung. Größere Viehzuchtfarmen kaufen eigens zu diesem Zwecke Magervieh auf, um es dann mit großem Gewinn als Mastvieh wieder abzusetzen.

Die Rentabilität einer Viehfarm, die infolge von Seuchen und Trockenheit naturgemäß starken Schwankungen unterworfen sein kann, variiert im Durchschnitt zwischen 20 und 40 %, wenn auch schon Verzinsungen bis zu 60 % erzielt wurden. Wie in Argentinien erfordert aber auch in Brasilien ein Großviehzuchtbetrieb, dessen Rentabilität mit dem Maßstabe wächst, in dem die Zucht betrieben wird, durchweg große Mittel, die bei wirklich rationellen Betrieben in die Millionen gehen. Da es an einheimischem Kapital mangelt, bietet sich hier der ausländischen Hochfinanz bei intensiver Ausnutzung der natürlichen Vorbedingungen des Landes ein äußerst lukratives Arbeitsfeld.

Durchaus rentabel gestaltet sich jedoch auch die Viehwirtschaft im kleinen. Der Kolonist kann jederzeit, wenn er nicht zu weit von größeren Bevölkerungszentren entfernt wohnt, die Milch und Meiereiprodukte zu guten Preisen absetzen, besonders wenn sich die Landwirte einer Region zu einer Milchverwertungsgenossenschaft zusammenschließen. Beschäftigt er sich mit der Rasseverbesserung, so wird er immer aus dem Verkauf von Bullen und Kühen an die größeren Züchter ein schönes Stück Geld schlagen können. Gute Zuchttiere sind stets gesucht und erzielen um so höhere Preise, je mehr Sorgfalt auf die Zucht verwendet wird.

Rindviehzucht. Innerhalb der wichtigsten viehzüchtenden Länder der Welt folgt Brasilien, das mit Argentinien, Uruguay, Australien und Kanada zu denjenigen Staaten gehört, deren Bevölkerung geringer ist als der Viehbestand, nach Brit. Indien, den Vereinigten Staaten von Amerika, dem europäischen Rußland und Argentinien mit einem Rindviehbestand (i. J. 1916) von rund 29 Mill. Stück an fünfter Stelle. Die absolut stärkste Rindviehzahl (vgl. die Tabelle auf S. 70) weisen innerhalb Brasiliens die Staaten Rio Grande do Sul, Minas Geraes, Bahia, Matto Grosso, Goyaz, S. Paulo, Piauhy und Maranhão auf. Relativ genommen, d. h. im Verhältnis zur Größe und Bevölkerung der einzelnen Staaten, ändert sich allerdings diese Reihenfolge, da verschiedene kleinere Nordstaaten einen sehr starken Rindviehbestand aufzuweisen haben.

Das zur Zucht gelangende einheimische Rindvieh, dessen Bestände auf die von den ersten portugiesischen Kolonisten eingeführten Rinder zurückgehen, ist durchweg minderwertig und hat, von wenigen Ausnahmen abgesehen, überhaupt keine Rasse, da man in früheren Zeiten auf die Rasseverbesserung nicht den geringsten Wert legte. So haben beispielsweise die einheimischen Schlachtochsen ein Durchschnittsgewicht von höchstens 300 kg, während die Exportschlächtereien ein Mindestgewicht von 500 kg verlangen. Die verbreitetste einheimische Rinderart in Rio Grande do Sul heißt Crioulo, die eine Abart des Caracúrindes aus Goyaz sein soll, während in S. Paulo das Franqueirorind heimisch ist. Die beste unter allen einheimischen Viehsorten dürfte das Mocharind aus Goyaz sein.

Die glänzenden Erfolge, die in Argentinien und Uruguay, wo die Viehzuchtverhältnisse nahezu gleich liegen wie in Süd- und Zentralbrasilien, durch die Kreuzung des einheimischen Viehs mit ausländischem, insbesondere englischem, Rassevieh erzielt wurden, bestimmten auch die brasilianischen Viehzüchter, sich seit einer Reihe von Jahren der Rasseverbesserung zuzuwenden, wobei sie von seiten der Bundesregierung sowohl wie der einzelnen Staatsregierungen durch weitgehende Erleichterungen für die Einfuhr und den Transport von Rassevieh verständnisvolle Unterstützung fanden. Zwecks Kreuzung wurden hauptsächlich folgende Rassen importiert: Hereford, Polled Angus, Sussex, Shorthorn, Limousine und Charolaise, Schweizer, Simmentäler, Freiburger, Normander, Red-Lincoln, South-Devon, Holländer, Holstein-friesisch, Jeverland, Flandrisch, Guernessey und Jersey. Da die Einfuhr von Zuchtvieh, wie aus der Importziffer für lebendes Vieh ersichtlich ist, in den Kriegsjahren beträchtlich hinter den Ziffern des letzten Friedensjahres zurückgeblieben ist, ließ sich die Regierung im Jahre 1918 ermächtigen, in den nächsten 10 Jahren 120 000 Zuchttiere einführen zu können. Im gleichen Jahre hat sich, ebenfalls mit Unterstützung der Regierung, ein Syndikat gebildet, das die direkte Einfuhr von erstklassigem Zuchtmaterial aus Großbritannien in die Wege leiten soll. Die mit der Kreuzung erzielten Erfolge waren in jeder Hinsicht befriedigend, und schon heute gibt es zahlreiche Viehzüchter, die über kleinere Herden (planteles) mit ausschließlich reinrassigen Tieren verfügen. Die gekreuzten Rassen liefern gute Schlachttiere und erzielen durchweg höhere Preise als das einheimische Vieh. Die in den Nordstaaten Brasiliens durchgeführten Kreuzungen mit dem indischen Zebu, das namentlich im Staate Minas Geraes in großen Mengen eingeführt wurde, befriedigten nicht allzusehr, so daß die Südstaaten auf dessen Einfuhr gänzlich verzichteten.

Unter den Schädlingen des Rindviehs wurden die „carrapatos", die neben dem Abbrennen des Kamps durch arsenikhaltige Bäder nach dem Cooperschen Verfahren wirksam bekämpft werden, bereits genannt. Dem durch diese Zecken übertragenen Texasfieber (Piroplasmose), der „tristeza", fällt namentlich das eingeführte Rassevieh leicht zum Opfer, während die einheimischen Arten mehr oder weniger immun sind; neuerdings scheint man zwar ein Mittel zur Erzielung von Immunität importierter Tiere gefunden zu haben. Auch Räude sowie Maul- und Klauenseuche treten auf trotz der durchgreifenden Abwehrmaßnahmen der „Directoria Geral de Veterinaria". Schlimme Feinde, vornehmlich der schwächeren Tiere, sind ferner die periodischen Trockenheiten in den Nordstaaten und nicht minder die Winterfröste in den südlichen Regionen.

Die Absatzmöglichkeiten des Rindviehs sind sowohl für die Zwecke des einheimischen Konsums wie auch der Exportschlächtereien gleich groß. Auch für die Nebenprodukte, wie Häute und Felle, Talg und Rinderfett, Hörner, Klauen, Haare und Knochenmehl, herrscht auf den in- und ausländischen Märkten starke Nachfrage.

Neben freien Verkäufen zwischen Züchtern, Händlern und Schlächtern finden Viehauktionen und -märkte statt, wo die Interessenten ihren Bedarf decken. Gewöhnlich bereisen Viehhändler das Innere des Landes, um ganze Herden aufzukaufen. Die Preise für Hornvieh sind starken Schwankungen unterworfen.

Für solche Auswanderungslustige, die sich mit der Absicht tragen sollten, in einem der südbrasilianischen Staaten, etwa in Rio Grande do Sul, einen kleineren Viehzuchtbetrieb einzurichten, sei an dieser Stelle ein kurzer Kostenüberschlag eingeschoben, den wir den Mitteilungen eines dortigen Ansiedlers verdanken. Für einen einigermaßen rentablen Betrieb wären mindestens 100 ha Kampland erforderlich. Gewöhnliches einheimisches Vieh, kein Rassevieh, kostet heute durchschnittlich 80—100 Milreis Papier das Stück; bei einem bescheidenen Anfang mit einer Herde von 200 Köpfen müßte man für deren Erwerb 16—20 000 Milreis Papier anlegen. Rechnet man dann noch das nötige Betriebskapital in annähernd gleicher Höhe hinzu, so könnte unter günstigen Umständen ein solches Unternehmen, in das demnach nach dem Kurse von Mitte Februar 1920 im ganzen ungefähr $\frac{1}{2}$—1 Million Mark Papier zu investieren wären, gelingen. Gerade diese Berechnung, die eher zu niedrig als zu hoch gegriffen ist, zeigt wieder mit aller Deutlichkeit, wie recht alle jene amtlichen und privaten Auswandererberatungsstellen in Deutschland haben, die immer und immer wieder betonen, daß heute Geld und nochmals Geld dazu gehört, nach Brasilien auszuwandern und sich dort anzusiedeln.

Schweinezucht. Nach den Vereinigten Staaten von Nordamerika, die i. J. 1916 einen Schweinebestand von rund 67,5 Mill. aufwiesen, steht Brasilien unter den Hauptschweinezuchtländern der Welt an zweiter Stelle. Seine Bestände, die noch wie diejenigen der Rindviehzucht in weitestem Maße ausdehnungsfähig sind, werden in der Folgezeit einen wichtigen Faktor bei der Versorgung Europas mit Schweineprodukten spielen; denn die U. S. A. und Brasilien werden wohl für die nächsten Jahre hinsichtlich dieses Produktionszweiges die beiden einzigen großen Weltlieferanten sein.

Der Rückgang der Schweinebestände in den Nordoststaaten Brasiliens während des Krieges ist, wie schon erwähnt, auf die periodische Trockenheit des Jahres 1914 zurückzuführen. Die Südstaaten S. Paulo, Sta. Catharina, Rio Grande do Sul und auch Goyaz zeigen dagegen als Folge einer intensiveren Zucht, die den Bedürfnissen der sich stetig entwickelnden Fett- und Schmalzindustrien in diesen Staaten entsprang, i. J. 1916 eine nicht unerhebliche Zunahme gegen das Jahr 1912. Trotzdem ergibt sich zu Ungunsten des Jahres 1916 ein Unterschied von 1 071 320 Tieren.

Ein Drittel des gesamten brasilianischen Schweinebestands entfällt auf den Staat Minas Geraes, zu dessen bevorzugter Stellung ein guter Boden, eine große Zahl von Viehfarmen, vorzügliche Weiden, reichliche Wasserläufe und günstige klimatische Verhältnisse in gleicher Weise beitragen. Als weiterer Umstand kommt hinzu, daß Minas Geraes eine schon gut entwickelte Milchindustrie besitzt, deren Nebenprodukte zusammen mit der Maisfütterung eine gute Schweinemast liefern. Auch im Staate Bahia, der noch i. J. 1912 an zweiter Stelle stand, sind die Aussichten für eine rationelle Schweinezucht in den inneren, höher gelegenen Teilen des Staates nicht ungünstig. Bisher reicht dessen Produktion allerdings kaum für den Lokalverbrauch aus. Viele der natürlichen Vorteile, deren sich Minas Geraes erfreut, besitzt auch Rio Grande do Sul, das innerhalb Brasiliens am meisten Speck und Schmalz produziert und exportiert[1] und wo, wie in den

---

[1] Während vor dem Kriege praktisch kein Export in Schweinefett (banha) aus Brasilien bestand — im Jahre 1913 betrug dieser nur

anderen Südstaaten, die Schweinezucht meistenteils von deutschen Kolonisten betrieben wird. Der Staat São Paulo verfügt nach den neuesten Statistiken gegenwärtig über einen Schweinebestand von ungefähr 3 Mill. Stück, was für die große Entwicklungsfähigkeit dieses Staates hinsichtlich der Schweinezucht zeugt. Obzwar auch Paraná, Rio de Janeiro, Goyaz und vielleicht auch Pernambuco für die Schweinehaltung beträchtliche Vorteile bieten, hat diese jedoch noch in keinem dieser Staaten die gewünschte Entwicklung genommen.

Gegenstand der brasilianischen Schweinezucht, die meistenteils im kleinen betrieben wird, sind die einheimischen Arten „canastrão" und „canastra", deren Anfänge auf die von den portugiesischen Kolonisten eingeführten Rassen Macáu und Alemtejano zurückgehen. Der „canastrão mineiro", den man auf dem ganzen Zentralplateau, und hauptsächlich im Westen von Minas Geraes züchtet, ist stämmig, sehr mastfähig und erreicht oft ein Gewicht bis zu 375 kg. Von den europäischen Rassen unterscheidet sich diese Art dadurch, daß sie sehr wenig Fleisch und Knochen, dagegen um so mehr Fett hat. Auf ein Durchschnittsgewicht von 255 kg sollen bis zu 220 kg Speck und Schmalz gegen 30 kg Fleisch und 25 kg Knochen kommen. Die Arten „canastra" und „canastrinha" sind kleiner, sehr zahm, von leichter und rationeller Zucht sowie schneller Mastfähigkeit und erreichen im allgemeinen ein Höchstgewicht von 150 kg; im Staate S. Paulo finden sich die Rassen „Capitão Chico" und „Jonqueira", eine Kreuzung von „canastra" und der Yorkshirerasse. In Goyaz ist der „piau" heimisch.

---

25 t —, hob sich dessen Ausfuhr infolge Fettmangels in Europa mit einem Schlage auf 10 285 t im Jahre 1917 und 13 270 t im Jahre 1918. Ob diese Industrie von Bestand sein wird, hängt hauptsächlich von der Fähigkeit Brasiliens ab, mit den U. S. A. konkurrieren zu können. Gegenwärtig scheint kein Nachlassen der Nachfrage nach brasilianischem Schweinefett vorzuliegen, denn das 1. Halbjahr 1919 zeigt mit einer Ausfuhr von 9 901 t eine Zunahme von 2 051 t gegen den gleichen Zeitraum des Vorjahres; in den ersten neun Monaten des Jahres 1919 erreichte diese Ausfuhr die Ziffer von 13 587 t und übertraf somit bereits die Gesamtausfuhr des Jahres 1918 um 317 t.

Schweinefettausfuhr aus Brasilien in den Jahren 1913—19:

	t	Wert in Contos	Durchschnittspreis je kg in Reis Papier
1913	25	29	1 $ 160
1914	3	4	1 $ 330
1915	4	5	1 $ 342
1916	4	6	1 $ 590
1917	10 235	17 745	1 $ 734
1918	13 270	26 161	1 $ 972
1919	20 028	39 889	1 $ 992

Zur Aufbesserung der einheimischen Zucht wurde in den letzten
Jahren, namentlich seit Entstehen der Gefrierfleischindustrie, erst-
klassiges ausländisches Zuchtmaterial wie Yorkshire, Tamworth,
Berkshire, Poland China, Duroc, Jersey, Large Black und Mule
Foot eingeführt. Ausgezeichnete Erfolge wurden nach Mitteilungen des Direktors der landwirtschaftlichen Schule in Lavras
(Minas Geraes), B. H. Hunnicutt, mit der Duroc-Rasse erzielt,
deren Kreuzung mit den einheimischen Rassen einen Typ ergibt,
der gleichzeitig den Bedürfnissen des lokalen Konsums an Speck
und Fett wie auch den Anforderungen der Gefrierfleischanstalten
hinsichtlich seiner Fleischbeschaffenheit nachkommt.

Pferde- und Eselzucht. Für die Pferdezucht eignet sich Brasilien, das bis jetzt noch hinsichtlich dieser Zucht nach dem
europäischen Rußland, den U. S. A., Argentinien und dem asiatischen Rußland an 5. Stelle steht, vorzüglich, da das Pferd bei
dem trockenen und warmen Klima, den ausgezeichneten Weiden,
die ihm ein reichliches und nahrhaftes Futter liefern, gut gedeiht
und Krankheiten wie der „peste de cadeira" verhältnismäßig
wenig unterworfen ist. Pferdezucht wird hauptsächlich in den
Ebenen von Minas Geraes, Rio Grande do Sul, Bahia und S. Paulo
betrieben. Das einheimische, kleine Pferd, dessen bekannteste
Arten in Rio Grande do Sul der „gaucho", in Bahia und Nord-
minas der „nortista", in Goyaz der „curraleiro" oder „sertanejo"
sind, ist ein degenerierter Typ der arabisch-andalusischen Rasse,
die bald nach der Entdeckung des Landes von den portugiesischen
Kolonisten eingeführt wurde. Trotz der schnellen Degeneration,
die sich durch Inzucht und schlechte Pflege leicht erklärt, ist es
von einer ungewöhnlich großen Ausdauer, und seine eigentümliche
gleichmäßige Gangart (marchada), die die rasche Ermüdung des
Reitens verhindert, macht sich namentlich auf längeren Reisen
angenehm bemerkbar.
In der richtigen Erkenntnis der großen Entwicklungsmöglichkeiten der brasilianischen Pferdezucht wurde die Einfuhr von
Rassetieren in dem letzten Jahre vor dem Kriege regierungsseitig
stark gefördert, wobei es sich in der Hauptsache um arabisches
und englisches Vollblutmaterial, sowie Hackney, Norfolk, Breton,
Orloff, Percheron und Ardennais handelte. Zwecks Erlangung
einer einheitlichen Zuchtrichtung wurde vom Staate S. Paulo ein
Gestüt errichtet, das sich mit der Bildung von 3 nationalen
Pferdetypen: des Arbeitspferdes, des Pferdes für Heereszwecke
und eines Pferdetyps mit Handelswert, beschäftigt. Die bis jetzt
damit erzielten Erfolge sind durchaus gut zu nennen wie auch
diejenigen des Gestüts in São Gabriel (Rio Grande do Sul), dessen
Besitzer, der bekannte Großviehzüchter Assis Brazil, sich hauptsächlich der Zucht von Rennpferden widmet. Ein im Jahre 1917
im brasilianischen Nationalkongreß eingebrachter Gesetzentwurf

sieht die Förderung der Zucht eines einheitlichen Armeepferdes durch weitere Einfuhr von Rassetieren und Verteilung von Geldprämien und sonstigen Subsidien an die Pferdezüchter vor.

Die Zucht von Eseln und Maultieren, die hauptsächlich in Rio Grande do Sul, Paraná, S. Paulo, Minas Geraes, Bahia und Goyaz betrieben wird, findet einen äußerst absatzfähigen Markt, da letztere in einem Lande, wo die Verkehrsverhältnisse relativ selten und kostspielig sind, in ihrer Verwendung als Last-, Zug- und Reittiere sehr begehrt sind und oft höhere Preise als Ochsen und Pferde erzielen.

Ziegenzucht. Während das Hornvieh die fruchtbaren und frischen Gegenden bevorzugt, wo Wasserreichtum und ein mildes Klima eine perennierende Vegetation begünstigen, bevölkert die Ziege, die Kuh des Armen, hauptsächlich jene dürren Landstriche des Nordens, die „sertões", die sich von Bahia bis Maranhão erstrecken. Ist die Ziege auch die in Brasilien vielleicht am wenigsten beachtete Viehart, so spielt sie doch für die Milch- und Fleischversorgung sowie die Urbarmachung von Ländereien eine nicht zu unterschätzende Rolle, ganz abgesehen von dem hohen Wert der Ziegenzucht, die durch eine intensive Kreuzung der einheimischen Arten mit den Rassen: Saanen, Toggenburg, Murcia Angora und Maltheser noch bedeutend gehoben werden könnte, für die Fell- und Häuteindustrie, der sich besonders die Staaten Ceará, Rio Grande do Norte, Alagôas, Parahyba, Pernambuco und Bahia widmen, und aus der sie einen beachtenswerten Gewinn ziehen.

Schafzucht. Im Verhältnis zu den günstigen natürlichen Vorbedingungen des Landes ist die Schafzucht in Brasilien bis jetzt noch wenig entwickelt, obwohl sie zu den rentabelsten Zweigen der Viehhaltung zählt. Mit einem Bestand (i. J. 1916) von 7,2 Mill. Tieren kommt Brasilien in der Reihe der schafzüchtenden Länder der Welt weit hinter Australien (85 Mill.), Argentinien (83 Mill.) und den U. S. A. (48 Mill.) an 16. Stelle. In der Zeit von 1912—1916 hat sich der brasilianische Schafbestand in den meisten Staaten auffallend vermindert, so daß die Zunahme der Bestände in Amazonas, Pará, Espirito Santo, Matto Grosso, Minas Geraes und Paraná kaum ins Gewicht fällt.

Schafzucht wird in Brasilien hauptsächlich in den Staaten Rio Grande do Sul, São Paulo, Santa Catharina, Paraná, Minas Geraes, Bahia und Goyaz betrieben. Die einheimischen Arten, welche auf die in Portugal akklimatisierten Rassen zurückgehen und wahrscheinlich asiatischen oder afrikanischen Ursprungs sind, werden mit Merinos, Rambouillet, Lincoln, Romney, Marsh, Oxfordshiredorn, Shropshiredown und Southdown mit Erfolg aufgekreuzt. Neuerdings gewährt die Regierung (nach „Tijdschrift

voor Economische Geographie", Nr. 9 vom 5. 9. 18) zur Förderung
der Schafzucht Beihilfen, indem sie jedem Viehzüchter ein Drittel
des Kaufpreises und der Transportspesen bei einer Einfuhr bis zu
25 Stück Zuchttieren vergütet.| Für Mischrassen bis zu 1000 Stück
zahlt sie je Stück 15 Milreis sowie die Transportspesen innerhalb
des Landes. Diese Vergünstigungen sind allerdings an bestimmte
Voraussetzungen gebunden, so z. B. daß der Viehzüchter einen
Grundbesitz von 1 ha für 4 Stück Vieh nachweist, über geeignetes
Weideland und Einrichtungen für die Wollschafzucht verfügt.

Die Regierung hat auch alles Interesse daran, die Wollschafzucht
zu fördern, um dadurch die einheimische Wollwarenindustrie,
die gerade in den letzten Jahren eine rege Tätigkeit entwickelte,
hinsichtlich der Versorgung mit Rohmaterial vom Ausland unabhängiger zu machen. Bei dem gegenwärtigen Stand der Schafzucht reicht die im Inlande produzierte Rohwolle zur Deckung des
von den Wollwebereien benötigten Bedarfs keineswegs aus.

Geflügelzucht. Unter der Geflügelzucht Brasiliens, die vorwiegend in den Koloniezentren der Südstaaten, in Minas Geraes
und São Paulo betrieben wird, steht die Hühnerzucht an erster
Stelle. Die hauptsächlich zur Zucht gelangenden Arten sind:
Orpingtons, Leghorns, Plymouth Rocks, Rhode Island Reds,
Wyandottes, Langshans und Minorcas. Die Fütterung besteht
überwiegend aus Körnerfutter, Grünfutter, Kartoffeln und
Knochenmehl. Auch Enten finden sich fast in jeder Kolonisten-
wirtschaft; gezüchtet werden besonders die türkische Ente, die
sich vorzüglich zur Mast eignet, sowie die gutlegende Wasserente.
Ausgezeichnet gedeihen Truthühner und Gänse, während
Tauben nur wenig gehalten werden. Eine sachgemäß betriebene
Geflügelzucht kann in Brasilien unter Umständen viel Geld ein-
bringen. Dasselbe gilt auch von einer rationellen Bienen- und
Seidenraupenzucht, die sich neuerdings gerade in den Kolo-
niezentren Südbrasiliens mit großem Erfolge ausbreiten[1].

Gefrierfleischindustrie. Nannte man bisher als Hauptausfuhr-
länder zur Deckung des bereits vor dem Kriege jährlich etwa

---

[1] Viel nützliche Winke für die Durchführung einer rationellen Ge-
flügelzucht in Brasilien enthält das Buch von J. Wilson da
Costa, Cómo fiquei rico criando gallinhas (Wie ich durch Hühnerzucht reich wurde), erschienen im Verlage der Monatszeitschrift
„Chacaras e Quintaes". São Paulo 1913. Ausführliches über die
Seidenraupenzucht und Maulbeerbaumkultur in Brasilien findet
sich bei Amilcar Savassi, A Sericultura no Brazil. Rio de
Janeiro 1913. Wegen näherer Einzelheiten über die brasilianische
Bienenzucht verweisen wir auf das von Emil Schenk mit Unterstützung der Bundesregierung herausgegebene Lehrbuch: O Api-
cultor Brazileiro. Rio de Janeiro 1911.

800 000 t betragenden Weltkonsums an Gefrierfleisch Argentinien, Australien, Neuseeland und die U. S. A., so wird man diesen künftighin Brasilien als ein weiteres Hauptausfuhrland für dieses wichtige Nahrungsmittel hinzuzufügen haben. Die gewaltige Entwicklung, die diese Industrie in der verhältnismäßig kurzen Zeit von drei Jahren erfahren hat, steht in der Wirtschaftsgeschichte Brasiliens ohne Beispiel da. Noch bis zum Jahre 1914 hatte Brasilien große Mengen an Fleisch aus Argentinien und Uruguay importiert; das folgende Jahr verzeichnete bereits eine Ausfuhr von 8 514 t Gefrierfleisch, die sich im Jahre 1917 auf 66 452 t steigerte.

Bis zu Kriegsbeginn hatte Brasilien den größten Teil seiner Rinder, soweit deren Fleisch nicht in frischem Zustande der Fleischversorgung des Landes zugänglich gemacht wurde, den Trockenfleischfabriken des Staates Rio Grande do Sul — die größten sind diejenigen in Pelotas und Bagé — zur Verarbeitung zu „carne secca" oder „xarque" zugeführt. Gefrierfleischanlagen waren bis dahin in Brasilien so gut wie unbekannt, wenn auch schon vor dem Kriege englisches Unternehmertum für die Errichtung von Fleischgefrieranstalten lebhaftes Interesse hatte. Erst den großen Fleischankäufen, mit denen England und Frankreich gleich nach Anfang des Krieges auf dem Weltmarkte auftraten, verdankt die brasilianische Gefrierfleischindustrie ihr Entstehen und ihren ungeahnten Aufschwung. Der im November 1914 nach England verschifften Probesendung von 1415 kg folgten von seiten Englands, Italiens, Frankreichs und der U. S. A. große Bestellungen. Als Folge dieser ständig zunehmenden Nachfrage seitens der Entente schuf der Unternehmungsgeist in- und ausländischer Kapitalisten in Brasilien in einem verhältnismäßig kurzen Zeitraum bedeutende Gefrierfleischanstalten, die ihre produktive Leistungsfähigkeit von Jahr zu Jahr steigerten. Richtig hatte die brasilianische Regierung erkannt, daß die Gefrierfleischindustrie vollwertiger Ersatz werden könnte für die durch den Krieg teilweise eingeschränkte Ausfuhr anderer wichtiger Landesprodukte. Sie entschloß sich daher, diese Industrie in großzügiger Weise zu unterstützen und mit den verschiedensten Mitteln zu fördern. Den Viehzüchtern wurde u. a. materielle Unterstützung zuteil und den Fleischgefrieranstalten auf fünf Jahre Befreiung vom Ausfuhrzoll für ihre Fabrikate gewährt. Die Eisenbahngesellschaften wurden zur Einrichtung von Kühlanlagen veranlaßt und den brasilianische Häfen anlaufenden Fleischtransportdampfern erließen die Behörden die Hälfte der sonst üblichen Hafengebühren. Die Regierung ging sogar soweit, die Reeder dieser Dampfer für den nicht ausgenutzten sonstigen Frachtraum schadlos zu halten.

Dank dem großen Interesse, das von seiten der Bundesregierung sowohl wie der einzelnen Staatsregierungen dieser neuen Industrie

entgegengebracht wurde, nahm diese im Laufe des Krieges einen
Aufschwung, der selbst die kühnsten Erwartungen weit übertraf.
Wie bereits angedeutet wurde, fand sich in- und ausländisches
Kapital zum Bau großer Gefrierfleischanlagen zusammen Die
beiden größten Betriebe entstanden in Osasco (Continental Pro-
ducts Co., Chicago) und Barretos (Companhia Frigorifica e
Pastoril) im Staate São Paulo, mit einer täglichen Leistungsfähigkeit von insgesamt 4500 Stück Vieh (Ochsen, Schweine, Hammel),
was einer Jahresproduktion von rund 60 000 t gleichkommt. Gefrierfleischanlagen entstanden ferner in Rosario und Rio Grande,
beide der nordamerikanischen Gesellschaft Swift & Co. gehörig,
ferner in Mendes (Brazilian Meat Co.), Livramento (Armour
& Co.), Tupaceretan (P. O. Abreu & Co.), Santos (Companhia
Frigorifica de Santos), Sant' Anna do Livramento (Companhia
Frigorifica do Brazil) sowie endlich im Bundesdistrikt (Companhia Brazileira-Britannica de Carnes). Geschlachtet wurden in
diesen 10 Fleischfabriken im Jahre 1918 eine Gesamtmenge von
434 842 Stück Vieh, davon 172 440 im Staate Rio Grande do Sul,
158 047 in São Paulo, 60 519 in Rio de Janeiro und 43 836 im
Bundesdistrikt. Der Durchschnittspreis für das Stück Vieh betrug
185 Milreis, so daß die in den Gefrierfleischfabriken geschlachteten
434 842 Stück einen Wert von 80 446 Contos hatten. Ende November
1919 wurde in Pernambuco ein neues Schlachthaus mit Einrichtungen zur Herstellung von Gefrierfleisch eröffnet, das eine der
größten derartigen Anlagen in ganz Südamerika darstellen soll.
    Nahezu die gesamte Produktion dieser neuentstandenen Ge-
frierfleischanlagen gelangte zur Ausfuhr in die Ententeländer,
die sich nach den Angaben der ,,Directoria de Estatistica commercial" für den Zeitraum von 1914—1919 wie folgt stellte:

Gefrierfleischausfuhr in den Jahren 1914—19:

Bestimmungsländer	1914	1915	1916
Ägypten	—	—	—
England	1,4	4 361	5 735
England (für Order)	—	—	—
Frankreich..................	—	101	4 455
Holland	—	—	—
Italien.....................	—	2 055	20 985
U. S. A.	—	1 997	2 486
Insgesamt ..	1,4	8 514	33 661
Wert in Contos	1	6 122	28 193
Durchschnittspreis je kg in Reis Papier	$ 714	$ 719	$ 837

Bestimmungsländer	1917	1918	1919 (9 Mon.)
Ägypten	5 936	—	3 214
England	3 961	14 818	7 025
England (für Order)	—	12 526	2 212
Frankreich...................	5 184	3 796	10 794
Holland	—	—	52
Italien......................	50 420	29 369	14 582
U. S. A.	951	—	—
Insgesamt .	66 452	60 509	37 879
Wert in Contos	60 233	60 755	41 670
Durchschnittspreis je kg in Reis Papier	$900	1 $004	1 $108

Die natürliche Ergänzung der Entwicklung des brasilianischen Gefrierfleischhandels bildet die Büchsenfleischindustrie, die im Jahre 1913 praktisch noch nicht vorhanden war und erst i. J. 1917 an Bedeutung gewann, als die Ausfuhr 6 552 t betrug:

Ausfuhr von Büchsenfleisch in den Jahren 1913—1919

	t	Wert in Contos	Wert je kg in Reis Papier
1913	223	200	$897
1914	285	250	$880
1915	123	163	1 $318
1916	856	1 584	1 $851
1917	1 552	9 206	1 $405
1918	17 223	27 302	1 $585
1919 (9 Mon.)	21 787	35 752	1 $641

Diese gewaltigen Zahlen liefern den besten Beweis für die Entwicklungsfähigkeit der brasilianischen Gefrierfleischindustrie und der damit zusammenhängenden Viehzucht. Will aber Brasilien den in dieser Hinsicht an das Land gestellten Anforderungen nachkommen, dann müßte es nach dem Urteil von Fachleuten in noch größerem Maße als bisher diesem Zweige seiner Güterproduktion erhöhtes Augenmerk zuwenden und den Viehzüchtern vor allem in verkehrstechnischer Hinsicht weitgehendste Unterstützung angedeihen lassen. Die ausgedehnten Gebiete des Südens und Ostens könnten, wie bereits betont wurde, ohne Nachteil für die Landwirtschaft wohl ein Vielfaches des gegenwärtigen Viehbestandes ernähren, und eine wirklich rationell betriebene Viehzucht müßte die Viehzüchter und damit auch die Gefrierfleisch- und Häuteindustrien in die Lage versetzen, bei eigenem hohen Gewinn weit billiger verkaufen zu können als diejenigen vieler anderer fleischproduzierender Länder und so den Fleischweltmarkt zu beherrschen.

6*

84 Viehzucht und Viehprodukte

Trockenfleischindustrie[1]. Während der Staat Rio Grande do Sul innerhalb Brasiliens lange Zeit als das große Zentrum und der fast ausschließliche Produzent des bekannten brasilianischen Trockenfleisches[2] (xarque) betrachtet werden konnte, sind seit einer Reihe von Jahren andere brasilianische Staaten, vor allem Minas Geraes, Matto Grosso und São Paulo mit diesem in Konkurrenz getreten. Bis zum Jahre 1913, d. h.'vor dem Kriege, wurde der enorme Bedarf Brasiliens an Trockenfleisch neben der heimischen Produktion in Rio Grande durch Zufuhren aus Uruguay, Argentinien und Paraguay gedeckt. Gegenwärtig genügt die heimische Produktion Brasiliens an Xarque nicht nur für den eigenen Bedarf, sondern es findet sogar eine erhöhte Ausfuhr nach dem Auslande, u. z. in der Hauptsache nach Kuba statt. Die Trockenfleischfabrikation des Staates Rio Grande do Sul hat allerdings seit Kriegsbeginn abgenommen, eine Verringerung, die neben dem Aufkommen der brasilianischen Gefrier- und Büchsenfleischindustrie einer gesteigerten Ausfuhr von lebendem Vieh nach Uruguay und Argentinien zwecks Verarbeitung in den dortigen Fleischfabriken zuzuschreiben ist. Bei dieser Gelegenheit möge bemerkt werden, daß, während der Trockenfleischexport zwischen 1917 und 1918 um 3 919 t fiel, die Zunahme der Büchsenfleischausfuhr 10 671 t betrug. Die Verminderung der Trockenfleischproduktion in Rio Grande wurde jedoch durch das Aufblühen dieses Industriezweiges in Matto Grosso, Minas Geraes, São Paulo und Rio de Janeiro ausgeglichen. Die Produktion von Matto Grosso stieg von 405 t i. J. 1908 auf 2 981 t i. J. 1917 und diejenige der Staaten São Paulo, Minas und Rio von 274 t i. J. 1915 auf 10 366 t in den Jahren 1916 und 1917.

Überblickt man die Ein- und Ausfuhrstatistiken von brasilianischem Trockenfleisch während der letzten fünfzehn Jahre, so scheint mit Rücksicht auf die Eröffnung der großen Gefrierfleisch- und Packanstalten im Süden Brasiliens dieser Handel immer mehr zum Verschwinden verurteilt zu sein.

---

[1] vgl. „Le Brésil" vom 9. März 1919.
[2] Die Fabrikation von Trockenfleisch geschieht nach Schüler folgendermaßen: Das Fleisch der frischgeschlachteten Tiere wird sofort gesalzen, bleibt alsdann 24 Stunden liegen, worauf es auf niedrigen Gerüsten der Sonne zum Trocknen übergeben wird. Dieser Trockenprozeß vollzieht sich bei guter Witterung in fünf bis sechs Tagen. Er gelingt jedoch nur dann, wenn das Fleisch während dieser Zeit vor Feuchtigkeit streng geschützt wird. Darum wird es abends von den Gerüsten genommen, auf Haufen gesetzt und mit wasserdichten Planen zugedeckt; unter diesen verbleibt es auch bei Regenwetter. Nach dem Trocknen wird das Fleisch in große Haufen, „Pilas", von 30 000 bis 40 000 kg zusammengesetzt und hierauf für den Export in Säcken von 60 bis 75 kg verpackt. Neuerdings wird auch besonders sorgfältig präparierte Xarque in verlöteten Blechdosen versandt.

Häute und Felle verarbeitende Industrien[1]. In engstem Zusammenhange mit der Entwicklung der Viehzucht steht die Gerbereiindustrie und die Fabrikation von Lederwaren, die sich im Laufe der letzten Jahre zu einem recht beachtenswerten Zweig des brasilianischen Wirtschaftslebens entwickelt haben[2]. Die heutige Gerbereiindustrie, die nach Angaben des „Centro Industrial do Brasil" in 88 Betrieben (Betriebskapital: 11 043 Contos; Arbeiterzahl: 2 077; jährliche Produktion: für 22 147 Contos fertige Ware) arbeitet, ist nicht nur in der Lage, den ganzen Eigenbedarf des Landes an Sohlleder zu decken, sondern sogar gegerbtes Leder nach dem Auslande auszuführen. Die Lederausfuhr, die im Jahre 1913 noch minimal war, steigerte sich infolge der durch den Krieg hervorgerufenen allgemeinen Nachfrage und der überaus günstigen Preisgestaltung bedeutend.

Die Gesamtproduktion von gegerbten Häuten belief sich im Jahre 1916 auf 784 398 Stück, die sich auf die einzelnen Sorten wie folgt verteilen: Sohlleder: 333 723, Oberleder (ungefärbt):

[1] Vgl. „Mitteilungen der Ibero-amerikanischen Gesellschaft", Jahrgang I, Seite 253 und „Revista de Commercio e Industria". São Paulo, Jahrg. III, Nr. 35, S. 385 ff.

[2] Ein großer Teil der Häute und Felle, die nicht im Lande selbst verarbeitet werden, gelangt zur Ausfuhr, die vor dem Kriege hauptsächlich nach Deutschland, den Vereinigten Staaten Nordamerikas und Frankreich ging. Sie bewegte sich in den Jahren 1913—1919 in folgenden Ziffern:

Häute- und Felleausfuhr aus Brasilien in den Jahren 1913—1919:

Häute (Rinds- usw.).

	t	Wert in Contos	Durchschnittspreis je kg in Reis Papier
1913	41 385	38 164	$ 922
1914	34 448	30 517	$ 905
1915	45 992	68 082	1 $ 480
1916	53 505	87 755	1 $ 640
1917	39 912	78 796	1 $ 974
1918	45 584	75 019	1 $ 646
1919	56 700	100 997	1 $ 778

Felle (Ziegen- usw.)

	t	Wert in Contos	Durchschnittspreis je kg in Reis Papier
1913	3 584	12 512	3 $ 491
1914	2 487	8 150	3 $ 277
1915	4 766	14 709	3 $ 086
1916	3 840	16 628	4 $ 330
1917	3 046	20 816	6 $ 835
1918	2 215	12 398	5 $ 597
1919	5 166	51 077	9 $ 887

98 090, Oberleder (gefärbt): 222 563, Lackleder: 15 200 und nicht spezifiziertes Leder: 114 820 Stück.

Beinahe die gesamte Ledererzeugung wurde der heimischen Schuhwarenindustrie[1] zugeführt, die sich dergestalt entwickelt hat, daß mit Ausnahme des Luxusschuhzeuges der einheimische Bedarf beinahe vollständig gedeckt werden kann. Wenn auch hinsichtlich der übrigen Lederfabrikate wie Koffer, Reisetaschen, Sattel- und Zaumzeug, Treibriemen usw. keine statistischen Angaben vorliegen, so ist doch anzunehmen, daß auch diese Fabrikation ganz erhebliche Fortschritte gemacht hat. Die Nationalproduktion von Sattelzeug wird auf mindestens 5000 Contos geschätzt gegen eine Einfuhr von kaum 19 Contos. Für Koffer, Reisetaschen, Lederfutterale usw. steht einer Eigenproduktion von 3500 Contos eine Einfuhr von nur 110 Contos gegenüber. Auch in der Herstellung von Treibriemen, um die besonders die ,,Sociedade Anonyma Cortumes Dick" und der Großindustrielle Dr. Justino Paixão bemüht sind, erzielte man gerade in letzter Zeit äußerst günstige Resultate, so daß es der brasilianischen Lederindustrie nicht schwer fallen dürfte, sich in absehbarer Zeit von der europäischen und nordamerikanischen Einfuhr vollständig unabhängig zu machen.

10. Fischerei.

Als wichtigste und rentabelste Ausbeutung der reichen maritimen Fauna Brasiliens ist der Fang des Pirarucú zu nennen, der in großen Mengen die Gewässer des Amazonassystems bevölkert und dessen Fleisch getrocknet oder gesalzen in den Handel kommt. Ein großer Teil der früheren Bacalhão-Einfuhr aus Norwegen konnte während des Krieges durch eine erhöhte einheimische Produktion von Stock- und Salzfisch unter Verwendung des Pirarucú ersetzt werden. Von weiteren, im Handel geschätzten Fischen wären zu nennen: die Tainha, die Garoupa, der Robalo, der Bijupirá, der Badejo, die Pescada sowie mehrere Sardinenarten. Beliebte Süßwasserfische sind: der Surubim, der Dourado, die Piaba, Jundiá, Trahira, Piranha, der der Forelle ähnliche Pintado usw. usw. Größere Bedeutung hat der Fischfang in einigen Nordstaaten Brasiliens sowie in Rio Grande do Sul erlangt, wo sich rasch eine blühende Fischkonservenindu-

---

[1] Nach den Erhebungen des ,,Centro Industrial" bestanden im Jahre 1916 in Brasilien neben rund 4500 kleineren und größeren Schuhmacherwerkstätten insgesamt 116 Schuhfabriken (Kapital: 15 597 Contos; Arbeiterzahl: 7 310; Wert der Jahresproduktion 1916: 45 813 Contos). Die jährliche Gesamtproduktion der Fabriken einschließlich der Werkstätten wird auf 13—14 Mill. Paar Schuhwerk angegeben.

strie entwickelte. Seit einer Reihe von Jahren wendet die Bundesregierung der einheimischen Fischerei, deren Entwicklung wegen der von den Fischern angewandten veralteten Fangmethoden und der auf dem Fischfang lastenden Abgaben lange Zeit nicht recht vorwärts kommen konnte, erhöhte Aufmerksamkeit zu, so daß mit Sicherheit in den nächsten Jahren eine größere Ausdehnung der brasilianischen Fischerei erwartet werden darf.

11. Waldprodukte und Nutzpflanzen.

Kautschuk. Wenn auch nahezu alle Bundesstaaten Brasiliens, mit Ausnahme der südlichen, Paraná, Santa Catharina und Rio Grande do Sul, an der brasilianischen Rohgummierzeugung, die bis zum Jahre 1911 mehr als die Hälfte der Gesamtweltkautschukproduktion darstellte, beteiligt sind, so stehen doch die Nordstaaten Amazonas und Pará sowohl hinsichtlich der Menge als auch der Beschaffenheit und Verwendungsmöglichkeit des dort gewonnenen Kautschuks als Hauptkautschukgebiete Brasiliens weitaus an erster Stelle. Dort finden sich die ausgedehnten Urwälder, wo in den weiten Flußgebieten des Amazonasnetzes die unter dem botanischen Namen „hevea" bekannten Gummibäume (seringueiras) in größter Anzahl wachsen und aus ihrem Milchsaft (latex) den wertvollen Seringagummi liefern, der sich wieder je nach seiner größeren oder geringeren Reinheit in „fina", „entrefina" und „sernamby" unterscheidet. Diesen eben genannten besten Sorten kommt der „cáucho" an Qualität fast gleich, während der Maniçobagummi (Hauptproduktionsgebiete: Bahia, Hinterland von Ceará und Maranhão, auch Piauhy und Pernambuco) wie auch der Mangabeiragummi (Hauptproduktionsgebiete: Hinterland von Bahia, Pernambuco, Piauhy, Matto Grosso, Hinterland von São Paulo, Minas Geraes und Goyaz) von erheblich untergeordneterer Bedeutung als der Seringagummi sind und auf den ausländischen Märkten zu bedeutend niedrigeren Preisen gehandelt werden.

Der gewaltige Aufschwung der brasilianischen Kautschukindustrie, die für die Nordstaaten Amazonas und Pará den ausschlaggebenden finanziellen Faktor bildet, wird durch folgende Ausfuhrtabelle veranschaulicht:

Jahre	t	Wert in Milreis Papier
1827	31	9 361 $
1857	1 809	1 358 279 $
1887	13 390	41 509 000 $
1897	21 526	203 525 200 $
1907	36 490	217 504 288 $
1917	33 980	143 989 000 $

Nach Qualitäten geordnet gestaltete sich die brasilianische Kautschukausfuhr, von der 90 % in den Häfen von Pará und Manáos und nur 10% aus allen anderen Häfen der Republik zusammen verschifft wurden, in den letzten 10 Jahren folgendermaßen (in t zu 1000 kg):

Jahre	Seringa u. Caucho	Mangabeira	Manicoba	Balata	Sorva	Insgesamt	Gesamtwert in Contos Papier	Durchschnitts- preis je kg in Reis Papier
1909	35 404	510	3 106	1	7	39 028	301 940	7 $ 736
1910	34 138	781	3 618	—	9	38 546	376 972	9 $ 780
1911	32 653	437	3 445	—	12	36 547	226 395	6 $ 195
1912	38 152	389	3 725	—	21	42 287	241 425	5 $ 709
1913	34 435	226	1 556	15	—	36 232	155 631	4 $ 295
1914	31 713	86	1 731	1	—	33 531	113 598	3 $ 388
1915	31 551	111	3 499	4	—	35 165	135 786	3 $ 861
1916	28 866	233	2 394	—	2	31 495	152 239	4 $ 834
1917	31 571	314	2 090	1	4	33 980	143 989	4 $ 238
1918	22 211	41	405	4	—	22 661	73 728	3 $ 253
1919 (9 Mon.)	23 760	42	707	15	—	24 524	77 027	3 $ 140

Wie die Tabelle zeigt, lieferten Seringa und Caucho den weitaus größten Teil der gesamten brasilianischen Produktion, während die geringeren Qualitäten bei den fast prohibitiv wirkenden Frachtpreisen und den unzähligen anderen Beschränkungen als Folge des Krieges in der Zeit von 1914—1918 gegenüber der Periode 1909—1912 — der glücklichsten in der Geschichte der brasilianischen Kautschukindustrie — einen starken Rückgang erlitten.

In dem letzten Lustrum vor dem Kriege übernahmen der brasilianischen Statistik zufolge England und die Vereinigten Staaten von Amerika 86,9% der gesamten Gummiausfuhr aus Brasilien, während Frankreich mit 8,4% an dritter und Deutschland[1] mit nur 3,2% an letzter Stelle standen. Während der Kriegsjahre (1914—1918) rückten die U. S. A. mit 64,1% an den ersten Platz, während Englands Einfuhr an brasilianischem Kautschuk auf 30,7% und diejenige Frankreichs auf 3% der brasilianischen Gesamtgummiausfuhr zurückgingen:

---

1 Die amtliche brasilianische Statistik (siehe Seite 89) gibt insofern kein richtiges Bild für die Kautschukausfuhr Brasiliens nach Deutschland, als sie nur die direkte Ausfuhr nach Deutschland berücksichtigt. In Wirklichkeit stellte sich der deutsche Import von brasilianischem Kautschuk nach „Statistisches Jahrbuch für das Deutsche Reich", 1914 (S. 190) in den Jahren 1912 und 1913 folgendermaßen:
1912 6 701 t im Werte von 61,6 Mill. Mark Gold.
1913 5 556 t im Werte von 38,9 Mill. Mark Gold.

Hauptbestimmungsländer der brasilianischen Rohgummi-
ausfuhr (in t):

Jahre	U. S. A.	England	Frankreich	Deutschland
1909	20 239	14 460	2 483	994
1910	15 850	17 528	2 925	1 554
1911	15 146	16 662	3 222	1 058
1912	21 322	14 725	4 436	1 660
1913	16 407	15 158	3 100	1 013
1914	19 397	11 483	1 608	481
1915	21 760	12 682	962	—
1916	19 965	10 379	646	—
1917	21 517	10 439	605	—.
1918	17 887	3 340	972	—
1919 (9 Mon.)	15 866	5 306	2 164	—

Hatte Brasilien bis in die Anfänge des 20. Jahrhunderts als
Kautschuklieferant für den Weltkonsum die führende Stellung
eingenommen, so erwuchs ihm in den Erzeugnissen der Plantagen des Ostens, auf der malayischen Halbinsel, Ostindien,
Ceylon, Borneo, Java, Sumatra usw., die ihre ersten Anfänge
der Anpflanzung von brasilianischem hevea-Samen verdanken,
ein Konkurrent, der seine Produktion mit ungeahnter Schnellig-
keit steigerte und seinen Gegner im Jahre 1913 zum ersten Male
überflügelte, um ihn dann in den folgenden Jahren weit hinter
sich zu lassen.

Bereits im Jahre 1912 wurden, als man in Brasilien die dro-
hende Gefahr der Konkurrenz des Plantagenkautschuks erkannte,
in den Produktionszentren eine Reihe von Maßnahmen ergriffen,
die die Kultur der vorkommenden Gummiarten erleichtern und
heben sollten, Maßnahmen, die, wenn sie überhaupt befolgt
wurden, keineswegs den gewünschten Erfolg zeitigten. Man
schlug eine Herabsetzung der Zölle vor, mit denen die Staaten
Pará und Amazonas den Artikel bei der Ausfuhr belegten; die
Frachtsätze und die Passagepreise für die Gummisammler sollten
ermäßigt und dafür den in Frage kommenden Schiffahrtsgesell-
schaften Subventionen bewilligt werden. Es blieb vielfach bei
den Vorschlägen. Inzwischen verschärfte sich die Krisis im
Gummihandel des Nordens derart, daß sich die beiden Haupt-
produktionsstaaten, Amazonas und Pará, durch die Umstände
schließlich gezwungen sahen, an die Bundesregierung wegen finanzieller Unterstützungen heranzutreten, die darauf ihrerseits zur
Stützung der Gummipreise auf den Märkten von Manáos und
Pará den ,,Banco do Brasil" mit dem Ankauf, der Einlagerung
und dem Verkauf der Kautschukbestände beauftragte. Daß dieses
durch die Not gebotene Eingreifen der Bundesregierung nur tem-
porären Charakter haben und die Krisis wohl zeitweilig lindern,
aber keine radikale Besserung der Zustände herbeiführen konnte,

ist verständlich. Eine Sanierung der mißlichen Verhältnisse auf dem brasilianischen Gummimarkt kann, wie ein französisches Wirtschaftsorgan schon vor Jahren treffend bemerkte, nur erreicht werden, durch „la création d'un monde nouveau dans les déserts de l'Amazone". Es dürfte zu weit führen, die gerade während der letzten Kriegsjahre zur „defesa economica da borracha" von Regierungsseite allen Ernstes ins Werk gesetzten Maßnahmen, deren Durchführung und Anregung die brasilianische Kautschukinteressenten in erster Linie dem früheren Direktor des „Banco do Brasil" und derzeitigen Finanzminister, Homero Baptista, zu verdanken haben, hier im einzelnen zu erörtern. Es möge nur auf die Errichtung neuer Verbindungswege, auf die Modernisierung des Verfahrens der Kautschukgewinnung und -zubereitung hingewiesen werden, auf die Schaffung von Versuchsfeldern zum wissenschaftlichen Anbau der „hevea", auf die Errichtung von Kautschukwäschereien und -raffinerien, von Fabriken zur Herstellung von Gummiartikeln, auf die Abschaffung von Staats- und Gemeindeabgaben für angebauten Kautschuk, auf die Gewährung von Prämien für „hevea"-Neuanpflanzungen und solchen für die Entwicklung von Landwirtschaft und Viehzucht in den Kautschukdistrikten, um einen kurzen Einblick in die rege Tätigkeit, die die Regierung zwecks Förderung der Kautschukindustrie entfaltete zu gewähren. Daß es jedoch der brasilianischen Kautschukindustrie selbst bei durchgreifender Steigerung und Verbilligung ihrer Produktion gelingen sollte, das verlorene Terrain wiederzugewinnen und den gewaltigen Vorsprung, den der Plantagenkautschuk des Ostens in den letzten Jahren gewonnen hat, einzuholen, muß als gänzlich ausgeschlossen gelten.

Matte-Tee. Der in Südamerika allgemein getrunkene Matte, der im südlichen Brasilien, Paraguay, Uruguay, Argentinien und Chile gewissermaßen Nationalgetränk und Volksnahrungsmittel geworden ist, ist ein teeähnlicher Aufguß der getrockneten und pulverisierten Blätter und Zweige der südamerikanischen Stechpalme (ilex paraguayensis), die in Paraguay und im Süden Brasiliens, hauptsächlich in den Staaten Paraná, Santa Catharina und Rio Grande do Sul, sowie in dem nordöstlichen Argentinien weit verbreitet ist. Das Haupterzeugungsgebiet ist jedoch Brasilien und innerhalb Brasiliens wieder der Staat Paraná, für den Matte dieselbe wirtschaftliche Bedeutung hat wie Kaffee für São Paulo, Kakao für Bahia und Kautschuk für die Nordstaaten Amazonas und Pará. Die Gewinnung des Matte geschieht nach Dettmann etwa folgendermaßen: Im Herbst (Monat Mai) ziehen die Bewohner jener Gegenden, die vorzugsweise von der Mattekultur leben,[1] in großen Massen in die Wälder und schlagen

---

[1] Eduard Heinze nennt in seiner erschöpfenden Darstellung „Der Matte- oder Paraná-Tee, seine Gewinnung und Verwertung, sein

von den Teebäumen die äußersten Äste ab, von denen die Blätter sowie die jungen Zweige und neuen Schößlinge gepflückt und dann gedörrt werden. Dieses Produkt wird darauf entweder in primitiven Mühlen zerstampft und für den Landeskonsum verpackt oder in größeren Faktoreien durch geeignete Prozesse für den Export weiter sorgfältig vorbereitet und für längere Transporte verpackt.

Während in früheren Zeiten für die Mattegewinnung ausschließlich Raubbau betrieben wurde, hat man sich seit etwa zwei Jahrzehnten, infolge der schonungslosen Ausbeutung, die die Bestände der Wälder immer stärker lichtete, und wegen der stetig steigenden Mattenachfrage, hauptsächlich in den Staaten Santa Catharina und Rio Grande do Sul, dem Matteanbau zugewandt, der sich jedoch bei einer Vermehrung der jetzigen Verkehrswege noch weit intensiver als bisher gestalten ließe.

In welcher Weise Brasilien selbst an dem Konsum des Matteproduktes beteiligt ist, läßt sich schwer feststellen, da darüber keine Statistiken vorliegen. Die von Walle[1] auf 13 000 t geschätzte Jahresverbrauchsziffer dürfte eher zu niedrig als zu hoch gegriffen sein. Ausgeführt wurden in den letzten 10 Jahren folgende Mattemengen:

Jahre	t	Gesamtwert in Milreis	Durchschnittspreis je kg in Reis Papier
1910	59 360	17 195 154 $ Gold	$ 489
1911	61 834	17 650 382 $,,	$ 482
1912	62 880	18 675 360 $,,	$ 502
1913	65 415	35 576 000 $ Papier	$ 540
1914	59 354	27 258 000 $,,	$ 459
1915	76 352	35 968 000 $,,	$ 471
1916	76 776	38 076 000 $,,	$ 496
1917	65 431	33 971 000 $,,	$ 519
1918	72 781	39 750 000 $,,	$ 546
1919·	90 200	52 512 000 $,,	$ 592

Der größte Teil dieser Ausfuhr, die hauptsächlich in den Häfen Antonina, Paranaguá, Porto Alegre, Foz do Iguassú, São Francisco do Sul und Porto Murtinho verschifft wurde, ging nach Argentinien, Uruguay, Chile, Bolivien und Perú, während nur eine verschwindend kleine Menge nach Europa kam, wo Matte, dieses billige, anregende und der Gesundheit zuträgliche Getränk, bislang überhaupt keine oder doch nur wenig Beachtung fand.

gegenwärtiger und künftiger Verbrauch", Beiheft zum „Tropenpflanzer", Februar 1910, als Mittelpunkte der Mattegewinnung in Paraná folgende Ortschaften: Palmeira, Lapa, São Matheus, União da Victoria, Rio Claro, Palmas, Guarapuava, Cupim und Ypiranga.
[1] Walle, P., Dans les Hervaes du Paraná. Paris 1909. Separatabdruck aus „Bulletin de la Société de Géographie Commerciale de Paris", Tome XXXI, Nr. 12.

Hölzer. Wohl wenige Industrien Brasiliens dürften so entwicklungsfähig wie die Holzgewinnung sein — allerdings nur mit Hilfe großer Kapitalien und sachgemäßer Organisation —, da Brasilien zu den holzreichsten Ländern der Welt gehört und seine Hölzer sich durch ihre Dauerhaftigkeit, Schönheit, Widerstandsfähigkeit und Reichhaltigkeit für die mannigfaltigsten Zwecke, für Haus- und Schiffsbauten, Kunsttischlerei, Gewehrschäfte, Eisenbahnschwellenfabrikation usw. ausgezeichnet eignen.[1] Während des Jahres 1918 hat die brasilianische Holzausfuhr die vom Jahre 1910 bis zu Beginn des Krieges so ziemlich stationär geblieben war, einen bemerkenswerten Aufschwung genommen. Vom Jahre 1914 stieg sie von 12 528 t auf 38 375 t im Jahre 1915 und erreichte im Jahre 1916 eine Exportziffer von 88 137 t. Im Jahre 1917 ging sie wieder auf 62 240 t zurück, um dann im Jahre 1918 mit 179 799 t ungefähr das Fünfzehnfache der Holzausfuhr des Jahres 1914 zu erreichen. Das entscheidende Moment dieser sprunghaften Steigerung war die erhöhte Ausfuhr der Pinie (araucaria) des Südens, die von 2442 t (150 Contos) im Jahre 1910 auf 152 021 t. (16 825 Contos) im Jahre 1918 emporschnellte und fast zwei Drittel der brasilianischen Gesamtholzausfuhr der Jahre 1917 und 1918 ausmachte, die beinahe ausschließlich nach Argentinien und Uruguay gelangte.

Brasilianische Holzausfuhr in den Jahren 1912/19 (in t):

	t	Wert in Contos	Durchschnittspreis je kg in Reis Papier
1912	14 641	1 612	$ 110
1913	20 310	2 021	$ 100
1914	12 528	1 306	$ 104
1915	38 375	2 622	$ 068
1916	88 137	6 668	$ 076
1917	62 240	6 125	$ 099
1918	179 799	21 090	$ 117
1919	103 824	13 317	$ 127

Trotzdem das exportierte Holz mit über 20 000 Contos (im Jahre 1918) an der brasilianischen Generalausfuhr beteiligt ist, befindet sich die Holzgewinnung Brasiliens noch in ihrem Anfangsstadium und steht durchaus in keinem Verhältnis zu ihren reichen Möglichkeiten. Das unvergleichlich weite Waldgebiet ist sozusagen von der organisierten Holzausbeute heutigentags noch kaum berührt. Um so bedauerlicher ist es, daß dem plan- und sinnlosen Raubbau, der zwecks Gewinnung von Brennmaterialien — nach einer Veröffentlichung des brasilianischen Landwirt-

---

[1] Eine ausführliche Aufzählung der verschiedenen brasilianischen Holzarten sowie eine Beschreibung von deren physikalischen Eigenschaften und Verwendungsmöglichkeiten findet sich bei Schüler a. a. O., Seite 186—197.

schaftsministeriums wird allein der jährliche Verbrauch des Staates
São Paulo an Brennholz auf etwa 10 Mill. cbm geschätzt — an
den brasilianischen Holzbeständen, in denen Milliardenwerte ruhen,
geübt wird, durch eine entsprechende Forstgesetzgebung kein
Einhalt geboten wird. Neuerdings scheint sich zwar die Bundesregierung mit diesen systematischen Verwüstungen und deren
Abwehr zu beschäftigen und erließ am 6. März 1918 eine dem-
entsprechende Verordnung, derzufolge für die fachgemäße Auf-
und Anforstung von Waldkulturen, inbesondere Eukalyptuskul-
turen,[1] Prämien, unentgeltliche Verteilung von Setzlingen und
Samen, sowie sonstige Vergünstigungen zugesichert werden.

Während des Krieges interessierten sich vor allem die Nordamerikaner stark für die brasilianische Holzindustrie — sie dachten
dabei in erster Linie an die Verwendungsmöglichkeiten von Hartholz für die Herstellung von Holzschiffen —- und entsandten im
März des Jahres 1917 eine Kommission von Ingenieuren und Holz-
sachverständigen nach Rio, die sich mit der Erforschung der industriellen Ausbeute des brasilianischen Holzreichtums befassen
sollten. Eine Reise von nordamerikanischen, englischen und einheimischen Gesellschaften traten ins Leben, die durch Errichtung
von Schneidemühlen und großen Holzlagern eine großzügige,
regelmäßige Holzausfuhr durchzuführen beabsichtigen.[2]

---

[1] Die Eukalyptuspflanzungen in Brasilien haben nach Angaben
von Dr. Navarro de Andrade (mitgeteilt in „Le Brésil" vom 12. Oktober 1919) in den allerletzten Jahren stark an Bedeutung gewonnen.
Der Wert der von der „Companhia Paulista" angepflanzten Bestände von 5 Mill. Bäumen, deren Holz neben Brennzwecken auch
in der Eisenbahnschwellen- und Grubenholzfabrikation Verwendung
finden soll, wird von Sachverständigen auf 10 000 Contos geschätzt. Die Anpflanzungen der englischen Goldminen-Gesellschaft
in Morro Velho zählen heute schon über 800 000 Bäume, während
-ein deutsches Unternehmen in Rio Grande do Sul, das im Jahre 1916
über 600 000 Eukalyptusbäume verfügte, seine Bestände zu verdoppeln beabsichtigt. Die „Companhia Florestal Fluminense"
(Staat Rio de Janeiro) plante ihre im Jahre 1918 angelegten Euka-
lyptuswaldungen im folgenden Jahre 1919 von 100 000 Bäumen
auf 400 000 zu erhöhen. Hauptsächlich zur Papierfabrikation bestimmt sind die Anpflanzungen (250 000 Bäume) der „Companhia
Itacolomy" in Mendes, während die Bestände der Firma Granado
& Co. in Therézopolis in erster Linie therapeutischen Zwecken ge
widmet sind.
[2] Da die zur Holzbearbeitung benötigten Maschinen veraltet und
stark abgenutzt sind, weil ein Nachschub aus Deutschland während
des Krieges nicht erfolgen konnte, eröffnet sich hier der deutschen
Industrie auf Jahre hinaus ein großes Geschäft in starken Ver-
tikalsägen, Hobel- u. Kehlmaschinen, Einzelhobeln,
Messerschärfern, Zimmermannswerkzeugen u. dgl. Es
wird allerdings mit einer scharfen englischen und nordamerikanischen
Konkurrenz zu rechnen sein.

Kokospalme. Von den zahlreichen Varietäten von Palmbäumen, die man in Brasilien antrifft: dem „Batauá", dem „Babaçú" im Norden, dem „Côco", dem „Dendê", dem „Piaçaba" und dem „Carnaúba" im Nordosten, dem „Macaúba" und dem „Butiá" im Süden, dessen rentable Ausbeute an Fasern zwecks Füllung von Matratzen, Kissen, Sätteln, Polstern usw. in den Südstaaten Santa Catharina und Rio Grande do Sul bereits einen beachtenswerten Industriezweig darstellt, verdienen der „Côco" und der „Carnaúba" besonders hervorgehoben zu werden. Die Kokospalme, die vorzugsweise im alluvialen Küstengebiet von Bahia bis Ceará gedeiht, ist in all ihren Teilen von der Wurzel bis zu den Früchten verwendbar. Das Holz ihres Stammes findet vielfache Verwendung, und die an Pottasche reiche Asche des Holzes wird bei der Seifenfabrikation viel gebraucht. Das Mark der Palme wird gern gegessen und ähnelt im Geschmack den Artischockenböden; häufig verwendet man die Blätter des „Côco" zur Dachbedeckung, und seine Fasern spielen in der Matten- und Besenfabrikation eine wichtige Rolle. Die Kokosnuß liefert Milch, Kokosfett, Butter und Öl und im geschälten und getrockneten Zustande die auf den europäischen und nordamerikanischen Märkten hochgeschätzte Kopra, von der Deutschland vor dem Krieg für über 100 Mill. Mark jährlich einführte.

Die Bestrebungen der Bundesregierung sowie der einzelnen Staatsregierungen des Nordostens Brasiliens, durch Ermunterungsprämien[1] den methodischen Anbau von Kokospalmen und die Ausfuhr von Kokosöl möglichst intensiv zu gestalten, sind in Anbetracht der reichen Erträge,[2] die diese Kulturen abwerfen, durchaus verständlich. Ebenso begreiflich ist es auch, daß die Nordamerikaner während des Krieges nicht versäumten, sich durch Bildung eines finanzkräftigen brasilianisch-nordamerikanischen Konzerns, der sich mit der Ausbeute der Kokospalmenpflanzungen im Staate Ceará zu befassen beabsichtigt, auch in diesem Industriezweige festzusetzen.

---

[1] Das brasilianische Landwirtschaftsministerium sicherte beispiels- weise zwei Industriellen für den Anbau und die Kultivierung von 375 000 Kokospalmen auf einem Raum von 2 000 ha im Staate Ceará eine Prämie von 50 Contos sowie eine solche von 60 Reis für jedes kg ausgeführtes Kokosöl zu.

[2] Rentabilitätsberechnungen über die Kokospalme finden sich in der vom „Serviço de informações e divulgação" veröffentlichten Studie: J. S. da Costa, Cultura intensiva do Coqueiro. Rio de Janeiro, 1913, ferner in einem Artikel von Valbert, Le Cocotier au Brésil, in „Le Brésil" vom 16. März 1919, sowie in einem Bericht des nordamerikanischen Konsuls in Pernambuco: „The Coconut Industry in Brazil", in „Commerce Reports" vom 8. November 1917.

Carnaúbapalme.[1] Die Carnaúbapalme (Copernicia cerifera), die das bekannte Carnaúbawachs liefert, das bei der Kerzen-, Streich-, holz-, Papier-, Schuhwichse-Fabrikation usw. mannigfache Verwendung findet, hat ihre Heimat in den heißen trockenen Urwäldern des nordöstlichen Brasiliens, wo sie oft meilenweite Ebenen mit dichten Wäldern bedeckt. Man findet sie in den Staaten Rio Grande do Norte, Parahyba, Pernambuco, Bahia, Matto Grosso, Maranhão und Piauhy, hauptsächlich aber in Ceará, das heute über ein Drittel der Landesproduktion liefert. Diese Wachspalme kommt nur in wild wachsendem Zustande vor. Ein regelrechter Anbau und eine rationelle Kultur ist bis heute nicht versucht worden, sehr zum Schaden der Produktion, da das dichte Zusammenstehen der Bäume das Wachstum nicht unwesentlich beeinträchtigt. Man überläßt die Bäume meistens vollständig sich selbst bis zum sogenannten „desbaste", d. h. Abernten der Blätter, die auf beiden Seiten mit einer mehlartigen Substanz, dem „palmito", überzogen sind, aus der das Wachs gewonnen wird. Diese Substanz bildet sich, wenn die Bäume ganz ohne Pflege bleiben, oft erst nach 12 oder 20 Jahren, sonst schon nach 6—8 Jahren. Die abgeernteten Blätter werden an der Sonne getrocknet und das sich bildende Pulver mit der Hand abgeklopft und geschmolzen. Durch dieses primitive Verfahren entsteht außer einem Verlust von ungefähr 50% eine große Verunreinigung des gewonnenen Wachses, die besonders in Zeiten großer Dürre und staubiger Winde zu beobachten ist und den Preis der Ware nachteilig beeinflußt.

Die Qualitäten des Carnaúbawachses sind nach dem Grad der Reinheit und der Körnung verschieden. Insbesondere unterscheidet man zwei Arten: das sognannte Strohwachs (cera de palha) und das Augenwachs (cera de olhos). Das erstere wird aus ausgewachsenen grünen Blättern, das letztere aus den neuen gelben Schößlingen gewonnen. Die „cera de palha" zerfällt wieder in sogenanntes fettes Wachs (cera gorda) und sandiges Wachs (cera arenosa), das sich von ersterem nur durch einen um 12—14% größeren Wassergehalt unterscheidet, der während des Schmelzens zugesetzt wird. Durch dieses Verfahren erhält das Produkt eine hellere Farbe und erscheint reiner als das „fette" Wachs. Die aus den Schößlingen gewonnene „cera de olhos" ist ein gelbliches Wachs und zerfällt ihrerseits wieder in 3 verschiedene Qualitäten: „mediana", „primeira" und „flor".

---

[1] Wir folgen bei unseren Ausführungen einem von „Jornal ── ──── mercio" (Rio de Janeiro) vom 27. November 1917 gebrachten Artikel. Eine eingehendere Darstellung bieten Labroy, O., Le Carnaúba (Copernicia cerifera Mart.), Méthode d'exploitation au Brésil, in „Journal d'Agriculture Tropicale "(Paris), Juni 1910 und Tavares de Lyra, A. in seinem Werke über Rio Grande do Norte.

Die Erzeugerpreise für die verschiedenen Sorten betrugen Ende des Jahres 1917 für die Arroba von 15 kg: „arenosa" 35 Milreis, „mediana" 40 $, „primeira" 45 $ und „flor" 50 $. Die Preise für Carnaúbawachs sind in den letzten Kriegsjahren auf eine ungeahnte Höhe gestiegen und haben dessen Gewinnung zu einem äußerst lukrativen Produktionszweig gemacht, in dem Brasilien bis heute das Monopol besitzt. In den U. S. A. hat man zwar Versuche mit einer ähnlichen mexikanischen Palmenart gemacht, deren Produkt jedoch öliger und klebriger ist als dasjenige der Carnaúbapalme und sich nicht zu den gleichen Zwecken verwenden läßt. Ähnliche Anbauversuche in Japan und Indien sind ebenfalls fehlgeschlagen, und auch eine künstliche Herstellung des Wachses ist bis heute noch nicht gelungen.

In den Jahren 1912—19 wurden an Carnaúbawachs haupt-sächlich über die Häfen Fortaleza, Ilha do Cajueiro, Pernambuco, Rio de Janeiro und Pará folgende Mengen ausgeführt, die neuerdings vornehmlich nach den U. S. A., England und Frankreich gingen, während vor dem Kriege Deutschland Hauptabnehmer dieses Artikels war.

Ausfuhr von Carnaúbawachs in den Jahren 1912—19:

Jahre	t	Wert in Contos	Durchschnittspreis je kg in Reis Papier
1912	3 099	5 451	1 $ 759
1913	3 867	6 593	1 $ 705
1914	3 376	5 512	1 $ 662
1915	5 897	9 596	1 $ 627
1916	4 167	7 977	1 $ 914
1917	3 669	8 422	2 $ 296
1918	4 215	20 433	4 $ 848
1919	6 224	20 540	3 $ 300

Paránüsse. Nächst dem Kautschuk gehören die Paránüsse (castanhas) zu den wichtigsten Ausfuhrartikeln des Amazonastales. Der Baum, der diese Frucht hervorbringt, wächst in wildem Zustande in ganz Amazonien auf sumpffreiem Boden und findet sich besonders in den Tälern des unteren Purús, des Tocantins, Trombetas, Madeira sowie in der Gegend des Trocary. Er erreicht bei langsamem Wachstum eine Durchschnittshöhe von 30—40 m und gibt erst vom 12.—15. Jahre an Früchte, die 15 Monate zum Reifen brauchen. Die Nußsaison beginnt im Februar und endet im September. Das Öl der mandelähnlichen Frucht findet insbesondere in den U. S. A. und England in der Seifen- und Parfümeriefabrikation, für Speise- und Beleuchtungszwecke usw. vielfache Verwendung. Die bisherige Ausbeutung der Paránüsse, von denen der größte Teil ausgeführt

wird, könnte in Anbetracht der fast unerschöpflichen Bestände[1]
noch bedeutend gesteigert werden.

Verschiedene Ölpflanzen. Schon vor de i Kriege hatte sich
ein deutscher Konzern für die ausgedehnten Bestände der
Babassúpalme in Piauhy interessiert, deren Nüsse ein für Ver-
brennungszwecke ebenso wie für die Margarinefabrikation gut
verwendbares Öl liefern und von denen während des Krieges an-
sehnliche Mengen nach Nordamerika und England gingen. Die
guten Erfahrungen, die man neuerdings mit dem Babassúöl als
Antriebsmittel für Dieselmotore im In- und Auslande machte —
die Motore des Elektrizitätswerkes in Therezina werden beispielsweise fast ausschließlich mit Babassúöl, das in der Ölfabrik
von Parnahyba hergestellt wird, gespeist — gaben dem „Bulletin
de la Chambre de Commerce française de Rio de Janeiro" (1918,
Nr. 213) Anlaß, erneut auf die großen Zukunftsmöglichkeiten
sowie die Rentabilität dieses Industriezweiges hinzuweisen. Bei
einem investierten Kapital von 6 Mill. Frs. könnte das aus-
beutende Unternehmen bei einer vorläufig beschränkten Ausfuhr
von 50 000 t jährlich eine Einnahme von 2,5 Mill. Frs. buchen.

Baumwollsaatöl wird hauptsächlich in den nördlichen Staaten
Pará, Ceará, Rio Grande do Norte und Parahyba do Norte bis
Bahia produziert. Ein nicht unbedeutender Export von Baum-
wollsaat geht über Pernambuco. Größere Leinsaatkulturen
sind im Staate Rio Grande do Sul, namentlich in den Ortschaften
Caxias, Garibaldi, Antonio Prado, Bento Gonçalves, Guaporé und
Alfredo Chaves im Entstehen begriffen. In kleinerem Maßstabe
wird Leinöl in einigen Fabriken des Staates São Paulo hergestellt.
Das sogenannte Palmöl wird aus den Früchten der Dendê-Palme
egwonnen, die vor allem in den Nordstaaten Brasiliens heimisch
ist, und deren Nüsse etwa 65—70% Öl enthalten. Die Ausfuhr
an Medizinal- und vegetabilischen Ölen aus Brasilien stieg von
84 t im Jahre 1913 auf 6611 t im Jahre 1918, von denen 58,2%
Ricinusöl, das während des Krieges neben den Zwecken der
Heilkunde hauptsächlich in der Flugzeugindustrie als Schmier-
mittel Verwendung fand, und 31,4% Baumwollsaatöl waren.

---

[1] C. E. Ackers, der im Auftrage der brasilianischen Regierung im
Jahre 1913 die Kautschukgegenden bereiste, schreibt in seinem
Bericht:-„Die Reserven dieses Waldprodukts (Paránnß) sind praktisch unerschöpflich. Die jährliche Ernte stellt indes nur eine relativ unbedeutende Menge der Bestände dar; sobald die Markt-
preise unter 10 Milreis je hl gehen, halten die Bewohner jener
Gegenden das Einsammeln der Nüsse für nicht mehr rentabel genug".
(Ackers, C. E., Relatorio sob o valle do Amazonas, sua industria
da Corracha e outros recursos. Rio de Janeiro 1913).
Eine Rentabilitätsberechnung über den Ertrag der Pará-
nuß findet sich im „Bulletin de la Chambre de commerce française
de Rio de Janeiro", 1917, Nr. 201, S. 140 ff.

Ausfuhr von Medizinal- und vegetabilischen Ölen in den
Jahren 1913—1919:

Jahre	t	Wert in Contos	Durchschnittspreis je kg in Reis Papier
1913	84	180	2 $ 143
1914	152	193	1 $ 269
1915	89	135	1 $ 527
1916	532	810	1 $ 522
1917	2 029	3 235	1 $ 594
1918	6 611	16 773	2 $ 537
1919	4 146	7 768	1 $ 874

Faserpflanzen.[1] Obgleich Brasilien eine ganze Reihe von Vege-
tabilien besitzt, die eine der Jute vergleichbare Faser liefern,
wurden diese bis zum Beginn des Krieges kaum zum Gegenstand
rationeller und methodischer Ausbeute gemacht, da die zur Sack-
leinenfabrikation, insbesondere für die Kaffeeindustrie in großen
Massen benötigte Jute — allein der Staat São Paulo verbrauchte
im Jahre 1916 11 Mill. Säcke für Kaffee, 1 Mill. für Mais und
3¹/₂ Mill. für Reis — billiger aus Ostindien eingeführt werden
konnte. Die unerschwingliche Höhe, die die Jutepreise infolge
der Kriegsverhältnisse erreichten, sowie die sich immer schwieriger
gestaltende Einfuhrfrage zwangen jedoch die brasilianischen Sack-
leinenproduzenten, sich bald nach Kriegsbeginn nach einem Juteersatz durch einheimische Pflanzen umzusehen.

Bereits vor dem Kriege hatte man schon, um sich von der
ostindischen Einfuhr unabhängiger zu machen, im Staate São
Paulo mit der „aramina"-Kultur und im Staate Rio de Janeiro
mit Anpflanzungen des „canhamo brasiliensis Perini" begonnen,
deren Ergebnisse jedoch so unbefriedigend ausfielen, daß man von
weiteren Versuchen mit diesen Ersatzstoffen absah. Den nach
den bisherigen Erfahrungen besten Ersatzstoff fand man, einer
Mitteilung des „Estado de São Paulo" vom 31. Juli 1917 zufolge, in der Aloe „Fourcroya Gigantea" (piteira), deren Gewebe
um annähernd 100% widerstandsfähiger als diejenigen ihrer indischen Rivalen sein sollen, und die in Brasilien in solchem
Überflusse vorhanden ist, daß sie zu bedeutend billigeren Preisen
als die Jute gehandelt werden kann. Die mit der Verarbeitung
der „pita"-Faser von der „Companhia Paulista de Aniagens"
angestellten Versuche ergaben, wie einem Aufsatz des Großindu-

---

[1] Vgl. dazu unseren Aufsatz „Zur Entwicklung der brasilianischen
Textilindustrie" in „Mitteilungen der Ibero-amerikanischen Gesellschaft", Hamburg, Jahrgang I, S. 779 ff. sowie den Bericht des
nordamerikanischen Vizekonsuls in Rio de Janeiro: „Jute culture
in Brazil", „Commerce Reports" vom 3. Mai 1918 (im wesentlichen wiedergegeben als „Das Juteproblem in Brasilien" in „Hamburgischer Correspondent" Nr. 362 vom 18. Juli 1918).

striellen Antonio de Paulo Rodrigues Alves (Rio de Janeiro) in der Zeitschrift „Industria e Commercio" zu entnehmen ist, durchaus günstige Resultate, so daß in dieser Faser ein vollwertiger Ersatz für Jute — die Meinungen darüber gehen allerdings auseinander — gefunden zu sein scheint. Pita-Kulturen größeren Umfanges, die auf mehrere Millionen Pflanzen ausgedehnt werden sollen, wurden bis jetzt von der Firma Eduardo Araujo & Cia. (Rio de Janeiro) in der „Bai Hasa Fluminense" angelegt. Weitere günstige Erfolge erzielte man mit anderen Fiberkulturen, unter denen noch in erster Linie die „paco-paco"-Kultur im Staate Ceará zu erwähnen ist. Mit sonstigen, für Juteersatz in Betracht kommenden Faserpflanzen, wie „tucúm", „croá", „croatá-assú" usw., wurden bislang noch keine eingehenderen Versuche angestellt; doch sollen auch sie für Sackleinen und Tauwerk verwendbar sein, und ihre langen Fasern den vom Ausland eingeführten in keiner Weise nachstehen.

Nach anders klingenden Urteilen von sachverständiger Seite[1] wird die „piteira" für wenig brauchbar erklärt, und auch der „paco-paco" soll nur ausnahmsweise verwendet werden können, da seine Faser nicht die nötige Widerstandskraft besitzt, und beim Spinnen sehr viel Abfall entsteht. Daher befürwortete der brasilianische Ackerbauminister Pereira Lima in einer Denkschrift, im Lande selbst Versuche mit dem Anbau von Jute zu machen, indem er auf die in Kuba in dieser Richtung unternommenen erfolgreichen Bemühungen hinwies. Günstige natürliche Vorbedingungen für eine intensive Jutekultur wären in den ausgedehnten Niederungen des brasilianischen Küstenstrichs vom Staate Bahia an bis zur Ribeira de Iguapé im Staate São Paulo gegeben. Die von Prof. A. Lofgren im Jahre 1910 in São Vicente bei Santos angestellten Anbauversuche mit Jute fielen durchaus befriedigend aus, und ein gleich günstiges Ergebnis hatten die von Aristides Caire in der Nähe von Realengo unternommenen Versuche zu verzeichnen.

Neuerdings führt die brasilianische Regierung auf dem Versuchsfelde in Deodoro Juteanbauversuche in größerem Maßstabe durch und beabsichtigt, angesichts der großen Bedeutung des Juteproblems für Brasilien weitere Sachverständige nach Indien zu entsenden, die sich an Ort und Stelle über die einschlägigen Verhältnisse unterrichten sollen. Die Regierung des Staates São Paulo, die an einer baldigen Lösung des Juteproblems wohl am stärksten interessiert ist, hat nach einer Mitteilung in „Der Tropenpflanzer" (Berlin) 1918, Nr. 8, im Jahre 1918 für die nächsten 5 Jahre eine Summe von 500 000 Milreis zum Anbau von Faserpflanzen (Jute, Hanf, Flachs, Ramie usw.) ausgeworfen. Es wurden Prämien für die besten Resultate ausgesetzt sowie Unter-

---

[1] Mitgeteilt in „Commerce Reports" vom 12. April 1918.

7*

stützungen und unentgeltliches Pflanzmaterial bezw. Samen denjenigen Landwirten zugesagt, die sich verpflichteten, 5 Jahre lang eine oder mehrere dieser Faserpflanzen zu kultivieren.

Gerbstoffhaltige Pflanzen. Einer großen Mannigfaltigkeit erfreuen sich in Brasilien die gerbsäurehaltigen Pflanzen, die einen ziemlich hohen Prozentsatz (bis zu 50%) dieses für die Rohgerberei so wichtigen Stoffes enthalten, aber bislang noch wenig ausgebeutet werden. An erster Stelle ist der Barbatimão-Baum zu nennen, der besonders in den Ebenen des Staates Minas Geraes heimisch und mit 48% Tanningehalt die gerbsäurehaltigste Pflanze Brasiliens ist, während derjenige des roten Angico-Baumes, des Monjólo-Baumes sowie der Mangues (Wurzelbäume) zwischen 36% und 40% schwankt. Der aus der Rinde dieser Bäume produzierte Gerbstoff wird neben Natriumsulfit, Alaun usw. vorwiegend in der einheimischen Gerbereiindustrie, die sich im Laufe der letzten Jahre zu einem recht beachtenswerten Zweig des brasilianischen Wirtschaftslebens entwickelt hat, selbst verbraucht.

Farbstoffhaltige Pflanzen.[1] Nach Angaben brasilianischer Botaniker kann Brasilien eine Überfülle von Rohstoffen für vegetabilische Farbenherstellung liefern. Die Reihe der dabei erzielten Farben reicht vom tiefsten Schwarz bis zu einem hellen Gelb und einem zarten Rosa. Die Zahl der Arten ist fast endlos. Die Indigopflanze wächst wild in vielen Staaten. Die Rinde von Braúna ergibt einen tiefschwarzen Farbstoff; der Baum kann ähnlich wie der Kautschukbaum angepflanzt werden. Araribá ergibt eine gelbe, gewisse Spielarten davon wie auch „Canduá" eine tiefrote Farbe. Urucú liefert verschiedene Arten von Gelb, das zur Färbung von Butter, Käse, Konditoreiwaren und anderen Lebensmitteln gern benutzt wird. Die Pflanze wächst in großen Mengen in den tropischen Staaten Nordbrasiliens. Der Saft des Pacová ergibt eine schwarze Farbe, die viel zur Herstellung von Tinte benutzt wird. Einen dem Indigo nicht unähnlichen blauschwarzen Farbstoff liefert der Anil-assú, und eine Art von Fuchsie, die sich in Minas Geraes, Bahia, Espirito Santo und Rio de Janeiro findet, ergibt einen Schwarzen, eine Spielart davon den tiefstschwarzen aller bisher bekannten Farbstoffe. Brauchbaren Farbstoff liefern auch der Angico und Barbatimão sowie die zahlreichen Mangrovenarten, mit denen die ganze brasilianische Küste bewachsen ist.

Unter dem Mangel an Farbstoffen, die bisher fast ausschließlich von Deutschland bezogen worden waren, hatte während des Krieges

---

[1] Vgl. dazu unseren Artikel: „Zur Farbenindustrie Brasiliens"; „Mitteilungen der Ibero-amerikanischen Gesellschaft", Jahrgang I, S. 761 ff. und „Statist" (London) vom 15. September 1917.

insbesondere die brasilianische Textilindustrie zu leiden. Es wurde zwar versucht, wie der frühere Finanzminister João PandiáCalogeras laut „Jornal do Commercio" vom 3. Januar 1917 ausführte, die aus einem fühlbaren Mangel entstandene Krisis zu mildern durch gründliche Ausnutzung der noch im Lande vorhandenen Vorräte von Anilinfarben, durch Versuche, Anilinfarben aus anderen europäischen Ländern und den U. S. A. zu beziehen, endlich durch möglichste Ersparnis an vorhandenem Farbenmaterial sowie durch Fabrikation wenig gefärbter Waren. Trotz aller in dieser Richtung getroffenen Vorsichtsmaßnahmen konnte jedoch der Bedarf der einheimischen Textilfabriken an Farbstoffen durchaus nicht gedeckt werden; so wurde eine neue Industrie ins Leben gerufen, die sich bemühte, aus einheimischen Farbhölzern und sonstigen Erzeugnissen der brasilianischen Flora Ersatz für die mangelnden Anilinfarben zu schaffen oder durch Ausbeutung der Rückstände des Kohlenteers Anilinfarben selbst herzustellen. In Juiz de Fóra (Minas Geraes) und São Paulo wurden im Jahre 1916 2 große Anilinfarbenfabriken errichtet, die nicht nur alle Textilfabriken Brasiliens mit Anilinfarben versorgen, sondern auch den aus dem Ausland, namentlich aus den La Plata-Staaten Spanien und Portugal, einlaufenden Aufträgen gerecht werden sollten. Die bereits im Lande bestehenden Fabriken für Herstellung pflanzlicher Farbstoffe verdoppelten ihr Kapital und ihre Arbeiterzahl, um eine möglichst große Produktionssteigerung durchführen zu können. Die von diesen Fabriken hergestellten Farbstoffe vermochten jedoch bezüglich ihrer Qualität die in sie gesetzten Hoffnungen nicht zu erfüllen, da sie im allgemeinen nicht besser als die aus den U. S. A. eingeführten, minderwertigen Farbstoffe ausfielen, so daß es nicht verwunderlich erscheint, daß sich in Brasilien die Stimmen, die einer baldmöglichen Wiedereinfuhr deutscher Farben das Wort reden, täglich mehren.

Starkes Interesse für die brasilianischen Farbhölzer zeigten während des Krieges auch die nordamerikanischen Farbenproduzenten, die große Aufträge für farbstoffhaltige Pflanzen nach Brasilien schickten. Ebenso kauften japanische Agenten große Mengen brasilianischer Farbhölzer für die Farbstoffindustrie Japans auf, die sich nicht nur von der Einfuhr aus Deutschland unabhängig zu machen, sondern auch selbst zur Ausfuhr von Farbstoffen überzugehen beabsichtigt. Zu diesem Zwecke will die japanische Farbenindustrie in den Nordstaaten Brasiliens große Farbpflanzenkulturen von japanischen Einwanderern errichten lassen. Ob auch der von einer japanischen Gesellschaft im Norden des Staates São Paulo neuerdings (September 1919) getätigte Ankauf von 148 qkm Land zwecks Besiedelung mit japanischen Einwanderern damit zusammenhängt, oder ob es sich hierbei in erster Linie um ein Kaffee- oder Reisunternehmen handelt, konnte der Verfasser nicht eruieren.

12. Bergbau.

Allgemeine geologische Vorbemerkungen. Das weite Gebiet
Brasiliens ist geologisch m allgemeinen noch wenig erforscht.
Trotzdem gilt als erwiesen, daß das ausgedehnte brasilianische Hochland aus zwei Hauptgesteinsgruppen besteht,
deren erste und älteste der Laurentischen Formation angehört,
die aus Gneis, Granit, Syenit und Glimmerschiefer gebildet wird
und besonders in der Serra do Mar, der Serra da Mantiqueira
und einigen anderen Teilen der Republik ausgeprägt ist. Kalk-
stein sowie metallisches Eisen sind dort verhältnismäßig selten.
Doch finden sich hier, nsbesondere im Staate Minas Geraes,
reiche Lagerstätten von Ganz- und Halbedelsteinen. Die zweite
Gruppe, die zur Huronischen Formation gehört, enthält Gold,
Eisen, Blei und andere Metalle und ist besonders vorherrschend
in der Serra do Espinhaço, dem Canastra- und Matta da Corda-
gebirge, im Staate Minas Geraes sowie in den Goyazbergen. Im
Süden erstrecken sich Devon- und Kohleformationen über ein
weites Gebiet der Staaten S. Paulo, Paraná, Santa Catharina
und Rio Grande do Sul und dehnen sich im Westen sehr wahrscheinlich bis nach Minas und Matto Grosso hinein aus. Eingehende Untersuchungen des nordamerikanischen Geologen Dr.
White ermöglichten die Feststellung über Ausdehnung und Mächtigkeit dieser Koh'enflöze. Vulkane gibt es in Brasilien nicht
mehr; die letzten Anzeichen sind die heißen Schwefelquellen[1] im
Staate Minas Geraes u. a., die dem dort häufigen Phonolit ent-
springen.[2]

---

[1] Die bekanntesten Thermalquellen Brasiliens sind folgende: 1. im
Staate Minas Geraes: Aguas Virtuosas de Caxambú, Aguas de
São Lourenço, Aguas Virtuosas da Campanha, Aguas de Cambu-
quira, Aguas de Fervedouro, Aguas de Poços de Caldas (Pedro
Botelho, Chiquinha, Mariquinha, Macacos), Aguas de Pocinhos do
Rio Verde, Aguas Quinze de Novembro, Aguas Santas (Senhor de
Mattosinhos und Varzea do Marçal), Aguas de Araxá; 2. im Staate
Pará: die Quelle von Monte Alegre (Frerégebirge); 3. im Staate
Ceará: Santa Quiteria, Beirada, Caldas (Araripegebirge); 4. im
Staate Parahyba do Norte: São João do Rio do Peixe; 5. im
Staate Pernambuco: Pajehú de Flores; 6. im Staate Bahia:
Itapicurú, Agua Quente (Minas do Rio de Contas); 7. im Staate
Rio de Janeiro: Parahyba do Sul (Salutaris), Santa Rita; 8. im
Bundesdistrikt: Tijuca; 9. im Staate Paraná: Xapecówf, Goyo-
Eu; 10. im Staate Santa Catharina: Pedras Grandes (Tubarão),
Cubatão, Caldas de Bittencourt, Caldas da Imperatriz; 11. im
Staate Rio Grande do Sul: São Gabriel; 12. im Staate São
Paulo: Agua da Pedreira, Serrito, Santos, Campinas, Capivary,
Leme, Resaca, Rocinha, Monte-Mór, São Bento, Mogy-Guassú,
S. Simão.
[2] Auszug aus „O Brazil, suas riquezas naturaes, suas industrias",
hrsg. von der „Commissão d'Expansão Economica do Brazil".
Rio de Janeiro 1908—09. 2 Bde.

Gold. Die Hauptausbeutungszentren dieses Edelmetalls, dessen Entdeckung in Brasilien von dem Jahre 1561 datiert, sind die Staaten Minas Geraes, Goyaz und Matto Grosso, von denen Minas die größte Menge Gold liefert. Nach amtlichen Angaben führte dieser Staat im Jahre 1896 2 030 142 g Gold, im Jahre 1907 3 856 950 g Gold aus. Weiterhin wird Gold in den Staaten Bahia (Jacobina, Assuruá und Chique-Chique), in S. Paulo (Jaraguá und Apiahy), ferner in Rio Grande do Sul (Caçapava und Lavras) und in Maranhão (Tal des Gurupy) bergbaulich ausgebeutet. Die sechs größten Goldminen finden sich in Morro Velho (S. John d'El-Rey Mining Company, Ltd.), Passagem (Ouro Preto Gold Mines of Brazil, Ltd.), São Bento (S. Bento Gold States, Ltd.), Juca Vieira (Lathom Gold Mining Company), Cuyabá (S. John d' El-Rey Mining Company, Ltd.) und Descoberto (Rotuló, Ltd.), von denen im Jahre 1914 die drei ersten im Betrieb waren.[1] Bis Ende des vorigen Jahrhunderts soll Brasilien im ganzen 700 000 kg Gold exportiert haben. Die derzeitige jährliche Ausbeute beträgt durchschnittlich 4000 kg. Seit 1912 beliefen sich die jährlichen Goldausfuhren auf:

Ausfuhr von Reingold in den Jahren 1912—1918:

	kg	Wert in Contos	Wert je g in Reis Papier
1912	4 027	6 540	1 $ 624
1913	3 393	5 512	1 $ 625
1914	4 051	7 212	1 $ 780
1915	4 565	9 563	2 $ 095
1916	4 378	9 542	2 $ 180
1917	4 369	8 934	2 $ 042
1918	—	—	—

Eisen.[2] Die mächtigsten der reichen Eisenlager·Brasiliens, die fast über das ganze brasilianische Territorium verbreitet sind,

---

[1] Zu Anfang des Jahres 1918 schloß die brasilianische Regierung, die zur Stärkung der vorhandenen Goldreserven die Goldausfuhr ganz einzustellen beabsichtigt, mit den beiden erstgenannten goldproduzierenden Gesellschaften einen Vertrag ab, demzufolge die gesamte Goldproduktion in die Hände der Regierung übergeht. („Commerce Reports" vom 6. 3. 18).

[2] Als Unterlagen dienten dem Verfasser: O Brazil, suas riquezas naturaes, suas industrias. Rio de Janeiro 1908—09 sowie Elysio de Carvalho, Os grandes problemas economicas do Brazil. A Industria Siderurgica; „Monitor Mercantil" (Rio de Janeiro) vom 28. 6. 1919, dessen Ausführungen bereits auszugsweise in „Mitteilungen der Ibero-amerikanischen Gesellschaft" (Hamburg), Jhrg. II, S. 88 ff. zum Abdruck gelangten. Ausführlicher handelt Carvalho über das Hüttenproblem Brasiliens in seiner Dezember 1919 im Verlage des „Monitor Mercantil" (Rio de Janeiro) erschienenen Studie: „Brazil-Potencia Mundial." Inquerito sobre a Industria Siderurgica no Brazil.

finden sich im Staate Minas Geraes, ferner in São Paulo, Santa Catharina, Matto Grosso, Goyaz, Espirito Santo, Bahia und Rio Grande do Sul. Eine quantitative Schätzung des in Brasilien vorhandenen Eisenerzes ist zurzeit unmöglich, da, mit Ausnahme des Staates Minas Geraes, die einzelnen Eisenzonen noch zu wenig erforscht wurden, um sichere Schlüsse ziehen zu können. Deshalb mögen die bis jetzt vorliegenden Schätzungen, da sie doch nur mehr oder weniger problematischen Wert haben, hier übergangen werden. Genauere Kenntnis besitzt man jedoch über die Qualität der brasilianischen Eisenerze, die in der Hauptsache Oxyde sind. Der „Magnetit" ($Fe_3 O_4$) findet sich in großen Mengen in Ipanema und Jacupiranguinha (São Paulo), ferner im Staate Minas Geraes bei Sabará und S. Migule de Guanhães. Der „Itabirit", der hauptsächlich aus Oligist ($Fe_2 O_3$) besteht, bildet fast unerschöpfliche Lager in den Staaten Minas Geraes, Espirito Santo und Matto Grosso. Auf Grund eingehender Untersuchungen bei Krupp und der „United States Steel Corporation" wurde festgestellt, daß diese Erze an Qualität den besten schwedischen — selbst denen von Kirunavara — gleichgestellt werden können, da sie die höchsten Anforderungen erfüllen, die von der Industrie an ein Eisenerz überhaupt gestellt werden können. Bei kleinen Beimengungen von Phosphor, Schwefel, Arsen, Titansäure und anderen nachteiligen Stoffen schwankt der Eisengehalt im allgemeinen zwischen 65% und 75%. Der Pik von Itabira do Campo, die Serra da Caraça, die Serra do Espinhaço enthalten z. B. in ihren Erzen 68—70% reines Eisen und die gleichen Zahlen gelten für die Serren von Ouro und Ferrugem in der Umgegend der Stadt Conceição sowie derjenigen beim Rio Piracicaba. Doch wurde ein Eisengehalt von 93,14% bei den Erzen (Sesqui-Eisenoxyd) von Lenções im Staate Bahia sowie ein solcher von 91,49% für die „canga" (ton- und eisenhaltiges Konglomerat) von Gandarella (Ouro Preto) ermittelt.

Die Förderung dieser kostbaren Erze, so berichtete der Rio-Korrespondent der „Frankfurter Zeitung" (Ende März 1914), würde eigentlich bergmännische Arbeit kaum erfordern, da sie, zu vielen Millionen Tonnen an der Oberfläche angehäuft, ganze Gebirgszüge von einigen Meilen Länge bilden, die mit geringen Kosten in offenem Tagbau wie etwa ein Steinbruch abgebaut werden könnten. Die unmittelbare Nähe großer Wasserfälle würde in den meisten Fällen ihrer Ausnutzung ihrer motorischen Kraft für den elektrischen Betrieb von Förderbahnen, Ladekränen und Beleuchtung gestatten und schließlich die Benutzung elektrischer Hochöfen zur Herstellung von Roheisen an Ort und Stelle sowie die Errichtung von Hämmern, Walz-, Zieh- und Preß-werken ermöglichen. Auch der Umstand, daß Kalksteinvor-kommen bester Qualität sich überall finden, bildet ein wichtiges begünstigendes Moment für spätere Hochofenanlagen.

Trotz aller dieser idealen Vorbedingungen für die Errichtung einer Eisenindustrie[1] in Brasilien, trotz des in größter Menge und bester Qualität vorhandenen Rohmaterials stand der Entwicklung dieser Industrie bislang neben verkehrstechnischen Schwierigkeiten ein schwerwiegender Umstand hinderlich im Wege: das Fehlen einer für metallurgische Zwecke geeigneten Kohle in Brasilien. Die modernen Schmelzöfen mit großer Leistungsfähigkeit benötigen als Brennstoff porösen und widerstandsfähigen Koks von erstklassiger Qualität, der nur aus einer besonderen Sorte Steinkohle hergestellt werden kann, die in Brasilien nicht vorkommt. So wird denn das Problem der Kohlenbeschaffung die Grundfrage für die zukünftige Gestaltung des brasilianischen Hüttenwesens bilden; mit einer Lösung des Problems durch Anwendung des elektro-hydraulischen Schmelzverfahrens, die von verschiedenen Seiten vorgeschlagen wurde, dürfte vorläufig noch nicht zu rechnen sein. Eine bessere Lösung könnte eher in dem Sinne erfolgen, daß die brasilianische Erzindustrie eine umfangreiche Flotte von Spezialschiffen bereit hält, die brasilianisches Eisenerz nach Nordamerika und Europa bringen und dann zu kleinen Frachtsätzen den heimischen Eisenhütten billiges Kohlenmaterial zuführen müßte; anders könnte sich die brasilianische Eisenindustrie unmöglich konkurrenzfähig und lohnend gestalten.

In der richtigen Erkenntnis der Sachlage und dem Bestreben, die mit der Kohlenfrage verbundenen Schwierigkeiten nach Möglichkeit zu beheben, hat die brasilianische Regierung bereits im Jahre 1910 eine Reihe von Maßnahmen und Vergünstigungen getroffen, um die Errichtung von Eisenhütten so zu erleichtern, daß diese Unternehmen auch mit importierter Kohle erfolgreich arbeiten können. Nach diesen Bestimmungen darf ausländische Kohle, die in der Eisenindustrie Verwendung findet, völlig zollfrei eingeführt und zu ermäßigten Frachtsätzen auf der Bahn befördert werden. Die gleichen Vorzüge genießen auch die für den Betrieb nötigen Maschinen usf. Umgekehrt werden auch die Frachtsätze für fertiges Eisen und Stahl sowie für Erze, die zum Export bestimmt sind, um 33% reduziert; außerdem räumt der Staat den ersten Unternehmern völlige Steuerfreiheit für die Dauer von zehn Jahren, Enteignungsrecht und sonstige Vergünstigungen ein. Auch werden Geldprämien für jede produzierte Tonne ausgesetzt. In Ergänzung dieser Bestimmungen traten am 1. April 1918 zwei weitere Regierungsdekrete in Kraft, die der Eisenindustrie und den nationalen Kohlenbergwerken

---

[1] Im Jahre 1918 waren in ganz Brasilien nur zwei größere Eisenhütten in Betrieb. Zurzeit arbeiten mehrere Hochöfen mit einer täglichen Leistungsfähigkeit von 15—30 t. Mit Hilfe von in- und ausländischem Kapital ist die Errichtung weiterer Hochöfen geplant.

finanzielle Unterstützung seitens der Regierung gewähren: Alle
Unternehmen, die Steinkohlenbergwerke in Brasilien ausbeuten
und jetzt oder binnen zwei Jahren mehr als 150 t täglich fördern,
können eine Summe Geldes geliehen erhalten, die nicht mehr als die
Hälfte des Wertes der Bergwerke und der Anlagekosten betragen
darf, im Höchstfalle 2000 Contos für jedes Unternehmen. Ferner
kann an Unternehmen, die in Brasilien Eisen und Stahl her-
stellen und mindestens 20 t täglich produzieren, ein Vorschuß
bis zum vollen Betrage der Anlagekosten, jedoch höchstens
5000 Contos für jedes Unternehmen, gewährt werden. Die Darlehen sind mit 5% verzinslich auf 12 Jahre abgeschlossen und
können ganz oder teilweise in Produkten der Bergwerke bezw. der
Eisenhütten zurückgezahlt werden.

Gerade in den letzten Kriegsjahren machte sich in Brasilien
ein reges Interesse für den Eisenbergbau bemerkbar, der sicherlich demnächst eine noch größere Entwicklung nehmen wird, was
aus der Tatsache gefolgert werden darf, daß eine große Anzahl
von bedeutenden Eisenerzlagern durch ausländische und brasilianische Syndikate erworben wurden. Diese Bewegung einer
weitgehenden Ausbeutung der brasilianischen Erzminen wird
durch drei ausschlaggebende Faktoren bestimmt: die gute Beschaffenheit des Erzes, die Mächtigkeit der Reserven und die Tatsache der schnellen Erschöpfung der Weltreserven an metallischen
Erzen, die in keinem Verhältnis zu den riesenhaften jetzigen Ver-
brauchsziffern stehen.

Obschon Europa noch über große Erzfelder mit geringem Ge-
halt und viel Phosphor verfügt, schreiben die „Handelsberichten"
(Amsterdam) vom 27. Juni 1918, wird es doch andauernd schwie-
riger, reiche phosphorarme Erzlager zu finden. Der Ertrag der
Bergwerke in Bilbao und Santander — der bedeutendsten für
die Versorgung der europäischen Hochöfen mit gehaltreichen
Erzen — verringert sich ständig an Menge und Gehalt. Die
Produktion der schwedischen, südspanischen und algerischen
Bergwerke kann nicht genügend erhöht werden, um das Erz von
Bilbao zu ersetzen und die wachsenden Ansprüche der Metall-
industrie zu befriedigen. Die Eisenzentren von England, Frankreich und Deutschland suchen darum nach neuen Eisenquellen
von hohem Gehalt, und es ist durchaus verständlich, daß die
enormen Felder von Minas Geraes ihr Interesse geweckt haben.

Manganerz.[1] Von den überreichen Manganerzlagern, über die
Brasilien besonders in Minas Geraes, S. Paulo, Matto Grosso und
Goyaz verfügt, waren vor dem Kriege nur einige wenige in Minas
Geraes und Bahia ausgebeutet worden, obwohl deren Erze einen sehr

---

[1] Der Verfasser folgt seinem Aufsatz „Brasiliens Manganerzerzeugung"
in: „Mitteilungen der Ibero-amerikanischen Gesellschaft". Hamburg, Jhrg. I, S. 633 ff.

hohen Metallgehalt —sie sind vielfach 50—52 prozentig —aufweisen und deshalb auf dem Markte besonders geschätzt werden. Die Hauptvorkommen befinden sich in Gandarella, Antonio Pereira, Bello Horizonte, Ouro Preto und in anderen Teilen von Minas Geraes, ferner in Morro d'Urucum und Morro Grande in der Nähe von Corumbá (Matto Grosso), die beide zusammen nach Angaben von Sachverständigen mehr als 100 Mill. t Manganerze liefern können; im Staate Bahia sind die Bergwerke von Pedra Preta, Sapé und Rio do Onha im Distrikt Nazareth zu nennen. Ferner wird die Auffindung großer Manganerzlager in Soledade (Pará), im Distrikt Ilhéos da Prata, in Araca (20 km von der Leopoldinaeisenbahn), im Distrikt Morretes (Paraná) sowie in Sant' Anna und in Turvo (beide im Staate Minas Geraes) gemeldet. Außer dem gewöhnlichen Braunsteinerz sind noch größere Lager der Manganverbindungen Pyrolusit und Rhodonit vorhanden und in Pirauba sogenanntes „blaues Manganerz", dessen Ader 2000 m lang sein soll. In der Nähe von Pernambuco hat man in der letzten Zeit reiche Lager von Titaneo gefunden, das unter dem Namen „scheckiger Rutil" bekannt ist und den gewöhnlichen Manganerzen an Mangangehalt weit überlegen sein soll.

Mangel an geeigneten Transportgelegenheiten war es vor allem, der eine intensive Ausbeute der reichen Lager stark beeinträchtigte, und dazu stellten sich besonders infolge der hohen Frachten bis an Bord die Produktionskosten des geförderten Eisens so hoch, daß die U. S. A., die den größten Anteil an der brasilianischen Erzausfuhr haben, ihren Bedarf vor dem Kriege billiger in Rußland und England decken konnten und deshalb nur ein verhältnismäßig geringes Quantum aus Brasilien bezogen.

Die Exporte an brasilianischem Manganerz (Hauptausfuhrhäfen Rio de Janeiro und Bahia) weisen für die letzten Jahre vor dem Kriege folgende Ziffern auf:

Jahr	t	Wert in Milreis Papier	Wert je t in Milreis Papier
1909	240 774	5 704: 949 $	23 $ 694
1910	253 953	5 720: 445 $	22 $ 526
1911	173 941	3 875: 312 $	22 $ 279
1912	154 870	3 445: 857 $	22 $ 250
1913	122 300	2 721: 175 $	22 $ 250

Der w :aus größte Teil des ausgeführten Erzes ging, wie durch folgende Tabelle veranschaulicht wird, nach den U. S. A. und England, während Belgien und Deutschland an dritter und vierter Stelle folgen. Hinsichtlich des Exports von brasilianischem Manganerz nach Holland ist zu bemerken, daß ein großer Teil der holländischen Einfuhr von Rotterdam rheinaufwärts nach den Eisenwerken Westfalens befördert wurde.

Manganerzausfuhr (in t) Brasiliens in den Jahren 1909 bis
1914 nach Hauptbestimmungsländern geordnet:

	1909	1910	1911	1912	1913	1914
U. S. A. .	35 900	59 350	50 150	82 530	59 400	87 630
England ..	69 110	35 200	41 801	25 300	16 800	23 500
Belgien ...	52 994	29 600	34 890	10 900	11 800	10 600
Deutschland	9 500	15 300	14 100	20 000	5 000	—
Holland ...	9 300	27 100	4 500	5 800	14 700	—

Noch im Jahre 1912 schrieb Dettmann: „So lange die für
einen Massenartikel mit Schwergewicht fast unerschwinglichen
Eisenbahntarife in Brasilien nicht wesentlich reduziert werden
können, ist wohl an eine wirklich rationelle Ausbeutung der
reichen Manganerzlager nicht zu denken, um so weniger, seitdem
der erhöhte Wechselkurs ein weiteres Hindernis für die Ausfuhr
bedeutet."
Der Krieg rief jedoch in der brasilianischen Manganerzindustrie
einen vollständigen Umschwung hervor.   Die früheren Haupt-
lieferanten der U. S. A., England und Rußland, konnten infolge
der Kriegsverhältnisse ihren Verpflichtungen nicht mehr nachkommen, so daß den U. S. A. die Notwendigkeit erwuchs, zur
Deckung ihres Verbrauchs an Ferromangan auf die brasilianische
Erzeugung zurückzugreifen, die zu steigern sie alles Interesse
hatten.   Schon mehrere Jahre vor dem Kriege wollten nordamerikanische Kapitalisten durch Finanzierung der brasilianischen
Manganerzbergwerke deren Ausbeutung in großem Umfange durchführen.   Dieser Plan, der damals nicht zur Ausführung gelangte,
wurde jetzt unter dem Druck der durch den Krieg hervorgerufenen Verhältnisse wieder aufgegriffen.   Mit Hilfe von anglo-
amerikanischem und brasilianischem Kapital wurden neue Berg-
baugesellschaften gegründet und die Manganerzlager erschlossen.
Die natürliche Folge davon war eine enorme Steigerung der
Manganerzproduktion, deren Abtransport von den Minen bis an
Bord der Schiffe durch Abkommen der Produzenten mit den
Eisenbahngesellschaften wesentlich einfacher gestaltet wurde als
früher, trotzdem die letzteren noch mit großen Schwierigkeiten
— Lokomotiven- und Waggonsknappheit, ungenügende Kohlen-
zufuhr usf. — zu kämpfen hatten.   Während die brasilianische
Manganerzausfuhr noch im Jahre 1914 nur 183 630 t betrug,
stieg sie im Jahre 1916 auf 503 130 t (Wert 29 504 Contos) und
erreichte im Jahre 1917 532 855 t (Wert 57 284 Contos), während
sie im Jahre 1918 infolge mangelnden Schiffsraums und der Konkurrenz der inländischen nordamerikanischen Produktion auf
393 388 t (Wert 45 843 Contos) fiel, ein Rückgang, der seit Abschluß des Waffenstillstandes noch schärfer hervorgetreten ist.
Die Verschiffungen im ersten Halbjahr 1919 betrugen nur 128 382 t
(Durchschnittswert je Tonne: 90 $ Papier) gegen 174 664 t in der

gleichen Periode des Vorjahres. Dieser Rückgang in den Ver-
schiffungen des Jahres 1919 wäre voraussichtlich noch größer
geworden, beständen nicht die Abschlüsse mit der U. S. Steel
Corporation auf einige 400 000 t, von denen der größte Teil im
Juli 1919 noch zu liefern war. Die Gesamtmanganerzausfuhr des
Jahres 1919 stellte sich auf 205 725 t im Werte von 16 913 Contos.
Die U. S. A. führten im Jahre 1914 283 000 t Manganerz ein,
von denen 57 680 t aus Rußland, 103 580 t aus Indien und der
Rest aus Brasilien kamen. Im Jahre 1915 belief sich die nordamerikanische Einfuhr auf 313 980 t, an denen Rußland überhaupt nicht beteiligt war, während Indien 36 540 t und Brasilien
268 780 t lieferten. Im Jahre 1916 führten die U. S. A. 576 320 t
ein, davon 51 961 t aus Indien und 471 837 t aus Brasilien, während Rußland wiederum ausfiel.

Da auch die gesamte brasilianische A sfuhr von Manganerzen
des Jahres 1917 sowie diejenige des Jahres 1918, abgesehen von
929 t, die für Frankreich (920 t), Argentinien (7 t) und Japan
(2 t) bestimmt waren, nach den U. S. A. gingen, ist es kein Wunder,
daß die Nordamerikaner alles daran setzen, durch Kapitalisierung
der Minen und durch planmäßigen Ausbau der zur Erhöhung der
Transportmöglichkeiten in Betracht kommenden Eisenbahnlinien
die gesamte Ausbeute an Manganerz in Brasilien an sich zu reißen.

Verschiedene Metalle. Kupfererzlagerstätten sind in den
Staaten Bahia, Parahyba (erst neuerdings entdeckt), Minas
Geraes, Ceará, Maranhão und Rio Grande do Sul bekannt; doch
lassen sich über die Bedeutung und Wichtigkeit dieser Lager bis
jetzt keine endgültigen Angaben machen. Bergmännisch ausgebeutet werden die Erze (Kupfergehalt 28%) in Camaquam (Rio
Grande do Sul)[1]. Der Kupferexport betrug in den Jahren 1903
bis 1907 durchschnittlich 1000 t jährlich und erreichte im Jahre
1912 1464 t. Blei- und Zinkvorkommen wurden am Flusse Abaeté
im Staate Minas Geraes festgestellt, ferner bei Marianna und Diamantina. Eine im Munizip Blumenau entdeckte Lagerstätte
bietet für die Zukunft günstige Aussichten. Wolfram- und
Zinnerze sind im Bezirk Encruzilhada (Rio Grande do Sul) bekannt und werden zum Teil schon ausgebeutet. Die Extraktion
neuentdeckter großer Vorkommen am Paraopebaflusse in Minas
Geraes, deren tägliche Förderung 15 t betragen soll, hat ein eng-
lischer Konzern unternommen. Platin, Quecksilber, Wis-
mut, Zinnober usf., die an verschiedenen Stellen in Brasilien
gefunden wurden, haben vorläufig kein praktisches Interesse.
Ein Schwefelkieslager (58% Schwefel und 33% Eisen) von an-
geblich großer Mächtigkeit wurde nach Schüler in dem Munizip
Affonso Claudio (Pernambuco) entdeckt.

[1] Die Ausbeutung dieser Kupfererze betreibt die belgische Gesellschaft ,,Cuivre de Camaquam'' (Brüssel).

Diamanten, Ganz- und Halbedelsteine. Diamanten finden sich in
Brasilien in einem weiten Gebiete, das die Staaten Bahia
(Sincorá, Chapada, Rio Andarahy, Morro do Chapéo), Minas
Geraes (Tal des Jequitinhonha), Goyaz (Rio Claro, Pilões,
Fortuna, Desengano, Tres Barras, Caiaposinho), Matto Grosso
(Rio Areias, Buritisal, Diamantino, Soumidouro, Arinos, Paraguay)
und Paraná (Rio Tibagy, Japão, Pitanguy) umfaßt. Die ersten
Diamanten wurden in Brasilien etwa um das Jahr 1727 entdeckt,
und ein Jahr später begann der regelrechte Waschbetrieb (lavra
diamantina) bei Tijuco, dem heutigen Diamantina im Staate
Minas Geraes, der sich bald stark ausbreitete. Nach der Entdeckung der südafrikanischen Diamantenfelder nahm jedoch die
brasilianische Diamantenausbeute rasch ab, da sie bei ihrer un-
rationellen Ausbeutungsmethode dem finanzkräftigen südafrikanischen Trust gegenüber nicht konkurrenzfähig bleiben konnte.
Neuerdings[1] scheint man zwar der brasilianischen Diamanten-
gewinnung, die teils in kleineren Einzelbetrieben, teils, und zwar
in der Hauptsache, durch größere Gesellschaften, von denen im
Jahre 1914 fünfzehn bestanden, geschieht, erhöhtere Aufmerksamkeit zuzuwenden, seitdem der Geologe David Draper, der sich
auch um die Erforschung der südafrikanischen Diamantenfelder
Verdienste erwarb, in den „lavras" von Bôa Vista und Nova
Vintens große Diamantenlager entdeckte, die gegenwärtig von der
„Companhia Brazileira Diamantifera" unter der Leitung des Ingenieurs und früheren Präfekten von Rio de Janeiro, des Grafen
Paulo de Frontin, mit modernem, hydraulischen Maschinen-
material ausgebeutet werden. Die Menge der bisher in Brasilien
gewonnenen Diamanten läßt sich nur schätzungsweise angeben.
Die Schätzungen schwanken[2] unter Berücksichtigung der ge-
schmuggelten Mengen und der im Lande selbst verbliebenen Steine
zwischen 3500 und 4000 kg.

Neben den Diamanten ist Brasilien besonders reich an f a r b i g e n
E d e l - u n d H a l b e d e l s t e i n e n, deren hauptsächlichste Fund-
stellen, abgesehen von wenig bedeutenderen Vorkommen in den
Staaten Bahia, Rio Grande do Sul und Rio de Janeiro, im Staate
Minas Geraes u. z. in den ·Bezirken Theophilo Ottoni, Minas
Novas und Arassuahy liegen. Als wichtigste dieser Schmuck-
steine seien hier genannt: Topase, Granaten, Rubine, Saphire,
Amethysten, Aquamarine, Berylle, Citrine, Cymophane, Triphane,
Andalousite usf. Vor dem Kriege wurde der größte Teil dieser
Steine nach Deutschland ausgeführt, um dort, hauptsächlich in
Idar und Oberstein, geschliffen und verarbeitet zu werden. Im
Jahre 1909 erreichte diese Ausfuhr beispielsweise den Wert von
120 125 Milreis.

---

[1] nach einer Notiz in „Le Brésil" (Paris) vom 3. 8. 19.
[2] vgl. Blumenau, H., „Die mineralischen Reichtümer Brasiliens";
„Das Echo" (Berlin) vom 28. 5. 14.

Monazitsand. Das Vorkommen von Monazit wurde in Brasilien etwa um das Jahr 1894 von dem nordamerikanischen Ingenieur John Gordon an der Küste des Munizips Prado (im Süden des Staates Bahia) entdeckt; späterhin wurden weitere Entdeckungen an der Küste des Staates Espirito Santo und im Innern des Staates Rio de Janeiro gemacht. Die rationelle Ausbeutung setzte im Jahre 1900 ein, als es der Technik gelungen war, diesem Sande das Cerium und Thorium, die in der Glühstrumpffabrikation Verwendung finden, zu entziehen.

Da die alluvialen Ablagerungen bald erschöpft sind, neigt die Produktion zur Abnahme; daher läßt sich aller Voraussicht nach das durchschnittliche jährliche hohe Produktionsniveau von 4084 t für die letzten fünf Jahre vor dem Kriege wohl nicht mehr länger aufrechterhalten, sobald die während des Krieges angehäuften Vorräte verbraucht sind.

Bis Ende 1913 gingen 39 793 t oder 80% des gesamten, seit dem Jahre 1901 aus Brasilien ausgeführten Monazits nach Deutschland, 3301 t oder 6,6% nach den U. S. A., nur 610 t oder 1,3% nach England, 5982 t oder 12,1% nach Frankreich und 35 t nach Italien.

Der Krieg brachte einen starken Rückgang der brasilianischen Monazitausfuhren mit sich, da Deutschland, der frühere Hauptabnehmer, naturgemäß gänzlich ausschied. Die während der fünf Kriegsjahre verschifften 2676 t gingen ausschließlich nach den U. S. A., die im Laufe des Krieges die brasilianische Monazitausfuhr vollständig zu monopolisieren verstanden, was auch in dem Rückgang des fob-Wertes von £ 33,8 je Tonne vor dem Kriege auf nur £ 26 je Tonne im Jahre 1918 deutlich zum Ausdruck kommt:

Wert der Monazitausfuhren in den Jahren 1909—1918.

Jahre	t	Wert in £ 1000	Wert je Tonne
1909	6 462	146	£ 22 12 sh
1910	5 437	128	£ 26 16 sh
1911	3 687	111	£ 30 2 sh
1912	3 398	109	£ 32 — sh
1913	1 437	48	£ 33 8 sh
1914	600	16	£ 26 14 sh
1915	439	12	£ 27 6 sh
1916	—	—	£ — — sh
1917	1 137	28	£ 24 12 sh
1918	500	13	£ 26 — sh

Verschiedene Mineralien. Quarze oder Bergkristalle, die in der Haupstache in der Serra dos Crystaes zwischen Minas und Goyaz gewonnen werden, finden namentlich in der Fabrikation optischer Linsen Verwendung. Einen bedeutenden Handel

mit Achaten unterhalten Rio Grande do Sul und einige Ört-
lichkeiten der Staaten Bahia und Minas Geraes. In verschiedenen Munizipien von Rio Grande finden sich auch die soge-
nannnten „Olhos de tigre" (Tigeraugen). Unweit des Flusses
Jequitinhonha, in Emparedado, trifft man nicht unbedeutende
Graphitlager. Reiche Kaolinlagerstätten werden an einigen
Stellen in Rio Grande do Sul, Paraná, Bahia und Parahyba ausgebeutet, und brasilianischer Marmor wird vornehmlich in den
Brüchen von Carandahy (Minas Geraes) gewonnen. Der Topf-
stein (pedra de sabão), ein Talkgestein, das in den Munizipien
Ouro Preto, Santa Barbara, Marianna, Conceição, Serro u. a.
vorkommt, wird zur Herstellung von Schmuckvasen verwandt.
Die Ausbeutung und Ausfuhr von Glimmer steht noch in keinem
Verhältnis zu dessen reichem Vorkommen in Brasilien, wenn auch
die stärkere Nachfrage nach diesem Mineral von seiten der Elek-
trizitäts-, Automobil- und Dynamitindustrie dessen Produktion
wie Export während des Krieges nicht unwesentlich steigerte.
Die hauptsächlich ausgebeuteten Glimmerlager finden sich in den
Staaten Bahia, São Paulo, Goyaz und Minas Geraes, in den beiden
letzteren Staaten insbesondere bei Bicas, S. Luzia de Carangoal,
S. Domingos do Rio do Peixe und Meia Ponte. Im Staate São
Paulo, wo Glimmer in Bananal, Itapecerica, Paranahyba, São
Bernardo und Juquiá gewonnen wird, werden die Ausbeuten von
„ruby clear mica" in erster Linie von der „Empreza das Minas
de Juquiá" unter Leitung der Ingenieure Buccolini und Frontini
durchgeführt.

Kohle. Unter normalen Verhältnissen wurde Brasiliens ständig
wachsender Bedarf an Brennstoffen vor dem Kriege ausschließlich
durch importiertes Material[1] gedeckt, da die Einfuhr ausländischer
Kohle wesentlich billiger als die Schürfung des einheimischen Pro-

---

[1] In den Normaljahren 1909—13 stellten die brasilianischen Kohlen-
einfuhren, wie der Handelsattaché bei der englischen Botschaft
in Rio in einem Bericht über die brasilianische Kohle (mitgeteilt
in „Le Brésil" vom 21. 9. 19) ausführt, dem Werte nach 5,5%
der brasilianischen Gesamteinfuhr dar und rangierten somit vor
der Weizenmehleinfuhr, die nur 4,8% ausmachte. Ihren Höhe-
punkt erreichte die brasilianische Kohleneinfuhr im Jahre 1913
mit rund 2,3 Mill. t. Infolge der finanziellen Krise, die dem Balkan-
kriege folgte, und des Ausbruchs des Weltkrieges ging sie bereits
im folgenden Jahre auf 1,5 Mill. t zurück, um im Jahre 1918 auf
637 486 t, d. h. 28,2% der letzten Normaleinfuhr (1913) zu fallen.
Nach Abschluß des Waffenstillstandes (Nov. 1918) trat jedoch eine
Erholung ein und das erste Halbjahr 1919 verzeichnete eine monatliche Durchschnittseinfuhr von 93 861 t, so daß man für das Jahr
1919 mit einer Gesamteinfuhr von über eine Million t rechnen kann.
Einen Überblick über die Kohleneinfuhrbewegung in Brasilien

duktes kam, das außerdem schwer zugänglich und von geringerer Beschaffenheit ist. Die durch den Krieg hervorgerufene Beschränkung in der Einfuhr und die damit zusammenhängende Preissteigerung für importierten Brennstoff — der Preis für Kohle stieg von 27 $ Papier je Tonne im Jahre 1913 auf 114 $ Papier im Jahre 1917, für Briketts von 34 $ auf 93 $ und für Koks von 37 $ auf 194 $ — hat jedoch die Republik gezwungen, von ihren eigenen Hilfsquellen Gebrauch zu machen und eine intensivere Ausbeutung der einheimischen Kohlenfelder, die von dem nordamerikanischen Mineningenieur Dr. J. C. White in den drei Südstaaten Rio Grande do Sul, Santa Catharina und Paraná festgestellt wurden, — dünne Kohlenstreifen von geringer Qualität wurden auch in Staate São Paulo und Braunkohle an den Nebenflüssen des Amazonasstromes in den Staaten Pará und Amazonas gefunden — zu denken, wenn auch dem Ausfall der Brennstoffeinfuhr zum größten Teil durch vermehrte Holzverwendung abgeholfen wurde.

während der Jahre 1913—19 bietet die nachstehende Tabelle, wobei insbesondere auf die Verschiebung der Importländer aufmerksam gemacht sein möge:

Herkunftsländer:	1913	1914	1915	1916
U. S. A.	274 798	260 595	635 711	814 212
England	1 927 387	1 266 579	525 756	209 812
Andere Herkunftsländer	60 162	12 952	2 294	462
Insgesamt..........	2 262 347	1 540 126	1 163 761	1 024 486
Wert in Contos	60 278	41 388	52 055	77 716
Wert in £ 1 000	4 019	2 552	2 690	3 871
Kostenübersicht:				
Kohlenpreise im Verschiffungshafen in Cont.	29 752	21 907	20 006	19 110
Fracht, Versicherung usw.	30 526	19 481	32 049	58 606
Preis je t	13 $ 000	13 $ 600	17 $ 100	18 $ 600
Fracht je t	13 $ 600	13 $ 300	27 $ 500	57 $ 300
Gesamtpreis je t ...	26 $ 600	26 $ 900	44 $ 600	75 $ 900

Herkunftsländer:	1917	1918	1919 (10 Mon.)
U. S. A.	642 428	480 382	674 687
England	172 866	152 267	139 645
Andere Herkunftsländer	3 033	4 837	10 337
Insgesamt....................	818 327	637 486	824 669
Wert in Contos	93 372	72 883	78 340
Wert in £ 1 000	4 965	3 919	4 492
Kostenübersicht:			
Kohlenpreise im Verschiffungshafen in Contos	21 753	17 023	21 387
Fracht, Versicherung usw.	71 619	55 860	56 953
Preis je t	26 $ 500	26 $ 700	25 $ 934
Fracht je t	87 $ 700	87 $ 625	69 $ 062
Gesamtpreis je t..............	114 $ 200	114 $ 325	94 $ 996

Die bis jetzt ausgebeuteten Kohlenfelder Brasiliens liegen
vornehmlich im Tale des Jacuhyflusses in Rio Grande do
Sul sowie im Tubará odistrikt im Staate Santa Catharina.
Die bedeutendsten Minen des Staates Rio Grande do Sul befinden sich bei São Jeronymo, etwa 20—30 km südlich vom
Jacuhyfluß in der Nähe von Porto Alegre, und werden von der
,Companhia de Estrada de Ferro e Minas de São Jeronymo"
(S. Jeronymo Mines and Railway Co.) ausgebeutet. Die monatliche Durchschnittsproduktion beträgt zurzeit 18 000 t, die auf
30 000 t gesteigert werden sollen. Die Ausbeute der „Minas de
Butiá" betreibt die „Companhia Carbonifera Rio-Grandense"
mit einer durchschnittlichen Monatsleistung von 6000 t. Eine
weitere, der Staatsregierung von Rio Grande do Sul gehörige
Grube, die „Mina de Carvão de Gravatahy", deren Förderung
gegenwärtig noch unbedeutend ist, verspricht aussichtsreiche Zukunftsmöglichkeiten. In der Nähe der Quelle des Jacuhyflusses, im
nördlichen Teil von Rio Grande do Sul, wird eine größere Kohlen-
mine von der „Companhia Minas de Jacuhy" betrieben, an welcher
die Regierung, die deren Entwicklung mit Darlehen unterstützt,
und eine 60 km lange Eisenbahnlinie zwecks Verbindung der
Grube mit dem Jacuhyflusse erbaut, Eigentumsrechte besitzt.
Im Juli 1918 wurde in dieser Grube eine monatliche Produktion
von 6000—12 000 t erwartet, die nach Senkung eines neuen
Schachtes gegen Ende des Jahres auf 15 000—20 000 t gesteigert
werden sollte. Weitere Vorarbeiten für eine rationelle Kohlenförderung sind im Tal des Jaguarãoflusses, bei Rio Negro, Can-
diota und Santa Rosa, eingeleitet. Der Durchschnittspreis für
nationale Kohle stellt sich in Porto Alegre, Pelotas und Rio Grande
auf rund 40 $ je Tonne. Ende des Jahres 1919 beliefen sich die
Vorräte in S. Jeronymo auf 12 000 t, in Butiá auf 4000 t,
während die Gruben von Jacuhy und Gravatahy über keine
Stocks verfügten.[1]

Die Hauptkohlenfelder des Staates Santa Catharina
[Cresciuma (Munizip Araranguá), Urussanga, Tubarão], deren
Ausbeute mit Unterstützung der Bundesregierung von vier nationalen Gesellschaften unter den besten wirtschaftlichen Auspizien
in Angriff genommen wurde und deren jährliche Produktion auf
ungefähr 200 000 t geschätzt wird, liegen in den vier Flußtälern
nahe an der Küste im südlichen Winkel des Staates. Sie bilden
einen Teil des weit ausgedehnten Beckens, das sich vom äußersten
Süden des Landes durch die Staaten São Paulo und Minas Geraes
bis zum Staate Bahia erstreckt. Bereits in den fünfziger Jahren
des vergangenen Jahrhunderts waren die Gruben Gegenstand industrieller Erforschung und Ausbeutung von seiten zweier eng-
lischer Gesellschaften, deren eine sich mit der Kohlenförderung

---

[1] Vgl. „O Carvão Nacional"; „Monitor Mercantil" vom 8. 11. 1919.

bei Barro Branco Novo (im Tubarão-Distrikt) beschäftigte, während die andere die Erbauung der Eisenbahnlinie Imbituba-Laguna-Minas (Lauro Müller-Station) durchführte. Wegen allzu schlechter Rentabilität mußte die erstere ihre Tätigkeit jedoch bald einstellen. Die neuerdings von der Firma „Lage Irmãos" wieder aufgenommenen Förderungsarbeiten in Barro Branco scheinen erfolgreicher zu sein. Die derzeitigen täglichen Ausbeuten, die etwa 100 t betragen, könnten nach dem Urteil von Fachleuten bei genügenden Transporterleichterungen auf 3—400 t gesteigert werden. Der Ausbeute der Minen von Araranguá widmet sich die eigens zu diesem Zweck mit einem Stammkapital von 5000 Contos am 12. Juli 1917 gegründete „Companhia Brazileira Carbonifera de Araranguá", deren Lagerstätten auf eine Mächtigkeit von 10 Mill. t geschätzt werden. Zum Zwecke der Kohlenförderung in Urussanga konstituierte sich mit einem Stammkapital von 3000 Contos im März 1918 die „Companhia Carbonifera de Urussanga". Weiterhin liegen Meldungen von Neugründungen der „Barra Bonita Mining Co." (Staat Paraná) sowie der „Companhia Industrial de Gandarella" vor, die sich mit der Ausbeutung der Kohlen-, Eisen-, Mangan- und anderer Mineralienlager auf dem Gandarellagebiet befassen wird.[1]

Petroleum. Hinsichtlich der Möglichkeiten der Petroleumvorkommen in Brasilien, die in Rio Grande do Sul, Paraná, São Paulo, Minas Geraes, Bahia, Alagôas, Pernambuco, Sergipe, Parahyba, Rio Grande do Norte, Maranhão, Pará und Amazonas festgestellt wurden, hat der nordamerikanische Ingenieur Butterworth neuerdings eingehende Untersuchungen angestellt, über deren Ergebnisse im „Journal du Pétrole" nähere Einzelheiten mitgeteilt wurden.

Der Schieferton von Parahyba ist nach den Feststellungen des genannten Ingenieurs ölreicher als derjenige Schottlands. Die Gegenden, in denen sich vorzugsweise zur Destillation geeignete Tonlager finden, liegen dem Itahipefluß entlang, nördlich von Ilhéos, am Marahúfluß 80 Meilen südlich von Bahia, ferner in Riachedoche und Camaragibe, 25 bezw. 45 Meilen nördlich von Maceió, in Ceará und Alagôas, wo der dünne, teerhaltige Schiefer der oberen Schichten 28% flüssige und flüchtige Stoffe enthält, während die unteren, dickeren Schichten 60% enthalten und die Lager anderer Plätze an Ölgehalt weit übertreffen. Der nordamerikanische Konsul von São Paulo erwähnt für seinen Distrikt ein ausgedehntes Lager bituminösen Schiefers, das seit 1884 ausgebeutet wird. Der erste größere Versuch mit brasilianischem Erdöl, das aus dem Staate Alagôas stammte, wurde zum Betriebe

---

[1] Vgl. „O progresso e as riquezas de Santa Catharina"; „Monitor Mercantil" vom 22. 11. 1919.

der Dieselmotore im Stadttheater zu Rio mit durchaus befrie-
digendem Ergebnis angestellt („Jornal de Commercio", 23. Februar 1918). Einer Meldung des „South American Journal"
vom 30. März 1918 zufolge bildete sich im Auftrage der Bundesregierung ein Komitee von Ingenieuren und Finanziers zur technischen und wirtschaftlichen Erforschung der neuentdeckten Pe-
troleumfelder in Alagôas, von denen ein Teil bereits von der
brasilianischen Gesellschaft Andrade Auto & Cia. ausgebeutet
wird. Ferner beabsichtigt, nach „Review of the River Plate"
vom 25. November 1916, ein brasilianisch-nordamerikanischer
Konzern (Kapital: 5000 Contos) die Ausbeutung der Petroleum-
lager bei Rio Claro (Minas Geraes), während eine italienisch-
brasilianische Gesellschaft die Petroleumförderung in Tieté (São
Paulo) bereits begonnen hat. Desgleichen beteiligt sich die Staatsregierung von Rio Grande do Sul an einer Aktiengesellschaft,
die sich mit der Ausbeutung der Petroleumquellen in Candelaria
befassen wird. Bislang wurde die stetig wachsende Nachfrage
Brasiliens nach Petroleum durch Zufuhren aus Mexiko und den
U. S. A. befriedigt, die sich im Jahre 1913 auf 9 698 t, 1914 auf
35 050 t, 1915 auf 61 465 t, 1916 auf 100 623 t und 1917 auf
51 154 t beliefen.

13. Industrie.

Der hauptsächlichsten Zweige industrieller Betätigung in Brasilien, der Textil-, Gerberei- und Lederwaren-, Eisen- und Stahl-,
Fleisch-, Zucker-, Tabakindustrien usf. haben wir in den vorhergehenden Kapiteln bereits Erwähnung getan, so daß wir uns im
folgenden hinsichtlich der weiteren noch in Betracht kommenden
fabrikmäßigen Herstellung von Waren, die allerdings gerade
während des Krieges infolge der Lieferungsschwierigkeiten der
nach Brasilien exportierenden Industrieländer stark, stellenweise
überstürzt, zugenommen hat, auf einige kürzere Bemerkungen be-
schränken können.

Die führenden Industrieeinzelstaaten innerhalb Brasiliens sind
São Paulo, Rio Grande do Sul und Minas Geraes, die
im Jahre 1915, unter Zugrundelegung der Betriebe zur Herstellung verbrauchssteuerpflichtiger Artikel, mit insgesamt 11 914
Fabriken in der von der „Directoria da Receita Publica do The-
souro Nacional" veröffentlichten Statistik[1] weitaus an erster Stelle
figurierten:

[1] Nach „Revista de Commercio e Industria". São Paulo, Jahrgang III, Nr. 31, Juli 1917.

Anzahl der Fabriken zur Herstellung verbrauchssteuerpflichtiger Artikel im Jahre 1915:

1. nach Einzelstaaten geordnet:

São Paulo	6 306	Pará	404
Rio Grande do Sul	2 882	Espirito Santo	328
Minas Geraes	2 726	Ceará	322
Bundesdistrikt	1 365	Alagôas	293
Rio de Janeiro	1 251	Parahyba	221
Pernambuco	1 127	Rio Grande do Norte	187
Santa Catharina	1 031	Goyaz	155
Paraná	995	Amazonas	100
Bahia	929	Matto Grosso	92
Sergipe	651	Piauhy	77
Maranhão	495	Acre	—

2. nach Produktionszweigen geordnet:

	1913	1914	1915
Geträn˙ ;	1 880	1 915	9 561
Schuhwerk	5 606	5 552	5 678
Tabak	2 326	2 273	2 231
Salz	895	969	1 023
pharmazeutische Artikel	765	705	892
Hüte	619	573	606
Konserven	399	349	599
Parfümerien	371	330	408
Essig	362	366	388
Textilwaren	210	224	315
Kerzen	20	22	86
Korsette	—	—	62
Streichhölzer	33	31	33
Porzellan und Glas	—	—	20
Spazierstöcke	30	26	19
Tapeten	—	—	7
Spielkarten	7	7	7
Schallplatten	—	—	2

Von weiteren Industrien wären noch zu nennen: die Papier-
und Zellulosefabrikation, die graphische Industrie, die Möbelindu-
strie, die Spielwarenindustrie, die Kleineisenwaren-, Metallwaren-,
Emaillewarenindustrien, die Steingutwaren- und Terrakottenindu-
strien, die Korb- und Flechtwarenindustrie, die Fabrikation von
Zement und Baumaterialien, die Keks- und Nudelfabriken, die
verschiedenen chemischen Fabriken, die sich der Herstellung von
kaustischer Soda, Sauerstoff, Azetylen, Kalziumkarbid, Schieß-
pulver usw. usw. widmen. Auch die Schiffsbauindustrie scheint
einer stärkeren Entwicklung als bisher entgegenzugehen.

Die sozialen Einrichtungen sind auch in Brasilien wie in fast allen südamerikanischen Staaten verhältnismäßig noch wenig entwickelt und den in Deutschland bestehenden nicht annähernd vergleichbar. Doch scheinen die Durchführung des Acht-Stunden-arbeitstages sowie das Verbot der Nachtarbeit gesichert zu sein. Einen weitgehenden Schutz bietet dem Industriearbeiter das seit dem Jahre 1919 in Kraft befindliche Unfallgesetz. Die Zahl der in Brasilien zurzeit tätigen Industriearbeiter kann nur schätzungsweise angegeben werden. Nach einer anläßlich der letzten Streiks in den brasilianischen Industriezentren vom ,,Centro Industrial" veröffentlichten Statistik zählte man im Jahre 1912 169 092 Industriearbeiter (davon 56 000 in Textilfabriken, 7 379 in Schuhwarenfabriken, 3 105 in Hutfabriken, 3 622 in Konservenfabriken, 7 407 in Tabakfabriken, 13 136 in Zuckerfabriken, 3 766 in Schlossereien, 6 861 in Gießereien usw.). Die Zunahme der Arbeiterbevölkerung vom Jahre 1912 bis zu Kriegsbeginn wird mit ungefähr 12% angegeben, so daß, unter Berücksichtigung der starken Entwicklung der brasilianischen Industrie während des Krieges, die Zahl der Industriearbeiter für heute auf mindestens 200 000 geschätzt werden kann und unter Einrechnung der Eisenbahn-, Transport- und Heimarbeiter auf 500 000, wobei die große Zahl der Landarbeiter noch nicht einbegriffen ist.

14. Die wirtschaftlichen Möglichkeiten für Angehörige der verschiedenen Berufsstände in Brasilien[1] — Praktische Ratschläge.

Die Frage, welche Aussichten auf eine gedeihliche Existenz sich unter den durch den Krieg geschaffenen, heutigen Verhältnissen deutschen Auswanderern in Brasilien bieten dürften, ist bei der individuell durchaus verschiedenen Veranlagung der einzelnen Auswanderungslustigen zu heikel und zu viel umfassend, als daß sie hier allgemein auf ein paar Seiten auch nur annähernd erschöpfend beantwortet werden kann, namentlich in Anbetracht dessen, daß sich während des Krieges für manche Berufszweige die Verhältnisse von Grund auf verschoben haben. Deshalb möchten wir von vornherein die folgenden Ausführungen nur als vorläufige betrachtet wissen, wenn wir uns auch bemühten, die Verhältnisse so zu schildern, wie sie heute tatsächlich liegen. Sie schwärzer

---

[1] In dem folgenden Kapitel sind u. a. zahlreiche schriftliche und mündliche Mitteilungen, die von ausgezeichneten Landeskennern dem Ibero-amerikanischen Institut zur Verfügung gestellt wurden mitverwertet.

zu malen, als sie in Wirklichkeit sind, war kein Anlaß, es ist aber auch streng vermieden worden, sie rosiger darzustellen.

Die Beantwortung der Frage, für welche Klassen der Gesellschaft Brasilien als Auswanderungsziel in erster Linie in Betracht kommt, kann nur dahin lauten: für Leute (Landwirte), die sich drüben als kleine, selbständige Ackerbauer, als Kolonisten niederlassen wollen. Für sie ist aber, wie wir bereits in einem der vorhergehenden Kapitel ausgeführt haben, ein nicht zugeringes Kapital, das für den Erwerb des Grundstücks, die erste Einrichtung und die nach und nach notwendigen Anschaffungen ausreicht, unerläßlich, wenn sie darnach trachten, möglichst schnell selbständig und unabhängig werden zu wollen. Der mit Barmitteln ausgestattete Kolonist kann naturgemäß seine ganze Arbeitskraft der Wirtschaft widmen, auch noch fremde Arbeitskräfte hinzunehmen und diese viel schneller rentabel gestalten als der unbemittelte Nachbar. Das beste Kapital und das wichtigste für jeden Kolonisten sind jedoch starke, gesunde Arme, fester Wille, Lust zum Landleben, Genügsamkeit, Ausdauer und Anpassungsfähigkeit an das entbehrungsreiche Leben besonders der ersten Jahre. Wer über größere Geldmittel verfügt, und in der Absicht nach Brasilien geht, drüben eine bereits in Gang befindliche Fazenda zu erwerben, der mache sich zuerst frei von den Vorstellungen des deutschen Gutsbesitzers und wolle nicht gleich zu hoch hinaus, lege sein Geld zunächst zinsbringend an — am besten läßt er überhaupt den größten Teil seines Vermögens vorläufig in Deutschland, dann hat er später neben dem Zins- vielleicht auch noch den Kursgewinn — und beginne seine Laufbahn als Knecht, lerne Land und Leute aus eigener Erfahrung und Anschauung kennen und mache sich dann erst selbständig. Die Zeit, die er zuerst bei wenig Lohn in untergeordneter Stellung verbracht hat und die, scheinbar verloren gegeben, einen großen Kapitalwert für ihn bedeutet, wird ihm dann verbunden mit seinem in Deutschland erworbenen Wissen sicherlich reiche Zinsen tragen und ihn auch allmählich zu materiellem Wohlstand und vollster Unabhängigkeit bringen. Allzu rasch und ohne richtigen Einblick in die maßgebenden Verhältnisse gefaßte Entschlüsse müssen jedoch auf der anderen Seite Mißerfolge zeitigen und können leicht zum Verlust des in ein Unternehmen gesteckten Kapitals führen. Ein schwacher Charakter und Plänemacher wird sein Geld in unglaublich kurzer Zeit los werden und körperlich wie moralisch schnell zugrunde gehen; an ihm wird sich der oft gehörte Ausspruch: „Das deutsche Geld kann die brasilianische Luft nicht vertragen" nur allzu rasch bewahrheiten.

Fragen wir weiter, gibt es in Brasilien landwirtschaftliche Betriebe, in denen deutsche Auswanderer (Landwirte) als Verwalter, Inspektoren, Rechnungsführer, Aufsichtsbeamte usf. Verwendung finden können, so muß die Antwort in verneinendem Sinne erfolgen. Die brasilianische Landwirtschaft ist Kleinbetrieb. Wohl beschäftigen die großen Kaffeefazenden eine Reihe von Beamten der oben genannten Kategorie; aber alle diese Stellen werden in der Regel mit Einheimischen besetzt, die, an Boden-, Sprach-, Volks- und Landeskenntnis den Ausländern weit überlegen, sich überdies mit einem nach unseren Verhältnissen so minimalen Gehalt begnügen, daß ein deutscher Auswanderer, selbst wenn es ihm gelänge, in eine derartige Stellung hineinzukommen, wohl schwerlich mit ihnen konkurrieren möchte.

Ebensowenig Aussicht, ein gutes Fortkommen in Brasilien zu finden, haben deutsche Landarbeiter, die als Lohnarbeiter auf den großen Plantagen der kaffeebauenden Staaten São Paulo, Rio de Janeiro und Minas Geraes Beschäftigung suchen wollten. Ganz abgesehen davon, daß sie von vornherein dem Wettbewerb von seiten der einheimischen Tagelöhner sowie der Einwanderer aus südromanischen Ländern, insbesondere der Italiener, die sich durch ihre Gewandtheit und materielle wie kulturelle Anspruchslosigkeit für diese Beschäftigung als Saisonarbeiter ganz besonders eignen, unterlegen sind, lohnt eine Stellung als Fazendatagelöhner der aufgewandten, unendlichen Entsagungen und Erniedrigungen schon einfach aus dem Grunde nicht, weil die in der Regel bezahlten Arbeitslöhne nicht immer als ausreichend gelten können.

Bessere Möglichkeiten bieten sich dem Handwerker und dem technisch gut ausgebildeten Arbeiter, während Ungelernte keine Aussicht auf lohnende Beschäftigung haben. Schlosser, Schmiede, Zimmerleute, Schreiner usw. finden, wenn sie tüchtig sind, auskömmlichen Erwerb sowohl in der Stadt als auch auf dem Lande, wo sie nebenher noch Landwirtschaft betreiben können. Wer über ein Vermögen von nicht zu wenigen Tausend Mark, über gediegene technische Fachkenntnisse verfügt und die erste schwere Prüfungszeit nicht scheut, der kann es schon wagen, nach drüben zu gehen. Sein Ziel wird natürlich sein, möglichst bald ein selbständiges Geschäft anzufangen. Je mehr Barmittel ihm aber zur Verfügung stehen, je unbeugsamer seine Energie, je ausgeprägter sein Vorsatz ist: „Ich will und muß es zu etwas bringen!", desto schneller dürfte ihm sein Vorhaben auch gelingen. Aber auch hier wird der Neuling gut daran tun, zunächst als Gehilfe in einen bereits bestehenden Betrieb einzutreten, um zuerst die Landessprache gründlichst zu erlernen und die in Frage kommende Kundschaft sowie deren Ansprüche und Bedürfnisse, die in vielen Fällen so ganz andere als bei uns in Deutschland sind, aus eigener Anschauung näher kennen zu lernen und mit ihr Fühlung nehmen zu können. Dann erst wird er daran denken, sich etwa als Feinmechaniker, Uhrmacher, Installateur, Möbelschreiner, Goldarbeiter, Photograph, Herrenschneider usf. selbständig zu machen.

Die Möglichkeiten, die sich dem deutschen Industriearbeiter

in den neu entstandenen Industrien Brasiliens bieten, sind naturgemäß beschränkter als in den eigentlichen Industrieländern. Ir
allgemeinen sind zwar neben einheimischen auch italienische und
sonstige europäische Arbeitskräfte tätig. Es darf aber der Umstand nicht unberücksichtigt bleiben, daß viele industrielle Unternehmungen Brasiliens sich in englischen, französischen, nordamerikanischen, belgischen usf. Händen befinden, die einer Beschäftigung
deutscher Industriearbeiter in ihren Betrieben unter den derzeitigen
Verhältnissen nicht gerade sonderlich sympatisch gegenüberstehen
dürften. Demnach muß deutschen Industriearbeitern, die in
ihrem Berufe Beschäftigung suchen, von einer übereilten Auswanderung nach Brasilien abgeraten werden, wenn sie nicht schon
in der Heimat von vertrauenswürdiger Seite unter für sie besonders günstigen Bedingungen verpflichtet wurden. Eine Auswanderung aufs Geratewohl könnte sich bitter rächen. Die brasilianischen Lohnverhältnisse, die naturgemäß je nach der Gegend
und der Branche verschieden sind, können im großen ganzen
als befriedigend bezeichnet werden. Tüchtige Facharbeiter
verdienen durchschnittlich 6—12 Milreis Papier täglich. Je besser
aber ein Industriearbeiter die portugiesische Landessprache kennt,
desto zahlreichere brasilianische Betriebe werden sich ihm er-
schließen. Wegen der sozialen Einrichtungen verweisen wir auf
das Seite 118 Ausgeführte.

Wie steht es nun mit den Aussichten, die Brasilien dem auswandernden deutschen Kopfarbeiter, dem Akademiker, dem
Mann mit Gymnasial- oder höherer Bürgerschulbildung bietet,
die unter Beibehaltung ihres bisherigen Berufes jenseits des Ozeans
ein neues Glück zu bauen trachten? Ganz allgemein läßt sich
die Frage dahin beantworten, daß die Schwierigkeiten, die sich
ihnen an ihrem Ziele entgegenstemmen, unendlich groß sein
werden.

Für den Rechtsanwalt z. B. ist ein Fortkommen in Brasilien kaum möglich, womit jedoch nicht gesagt sein soll, daß
sich deutsche Juristen unter ganz besonderen Umständen in
Brasilien nicht als Rechtsanwälte niederlassen können. „Der
deutsche Jurist wurzelt jedoch so in deutschen Rechtsbegriffen,
ist so auf den Charakter der Volksgenossen eingestellt, daß ihm
das wichtigste Rüstzeug in seinem Berufe fehlt, die Kenntnis
der Menschen, die eine so ganz andere Klientel darstellen, als er
sie gewohnt ist." Überdies ist für Ausländer, die in Brasilien
als Advokaten tätig sein wollen, gesetzlich eine mit Erfolg abgelegte Prüfung vor einer brasilianischen Rechtsfakultät vorgeschrieben, die nur auf Grund genauester Kenntnis der portugiesischen Sprache und eingehenden Studiums des nach deutschen
Rechtsbegriffen in so vielen Punkten reformbedürftigen Kon-
glomerats von brasilianischen Gesetzen und Verordnungen bestanden werden kann.

Etwas günstiger liegen die Aussichten für Theologen beider Konfessionen, die in Südbrasilien entweder als Geistliche an einer städtischen Pfarrkirche oder als Landgeistliche Stellung finden können. Bei der nicht allzu großen Arbeitsüberlastung in den Städten dürfte sich Theologen auch hin und wieder Gelegenheit zu privatunterrichtlicher Nebentätigkeit bieten. Die vakanten Stellen für protestantische Geistliche wurden bis zum Krieg in der Regel auf Anforderung der südbrasilianischen Gemeinden vom preußischen Oberkirchenrat in Berlin besetzt. Wie die „Evangelische Gesellschaft für die protestantischen Deutschen in Südamerika" bekannt gibt, können jetzt Gesuche um Anstellungsnachweis junger deutscher evangelischer Theologen, die nach Südbrasilien überzusiedeln sich entschließen, an den Geschäftsführer der Gesellschaft, Pastor M. Dedekind, Elberfeld (Augustastraße 79), gerichtet werden.

Für deutsche Mediziner kommt eine Niederlassung in Brasilien in größeren Städten nur dann in Frage, wenn sie die Praxis eines verstorbenen oder wegziehenden Arztes direkt übernehmen können. Sonst sind überall genügend Ärzte vorhanden, und die fremdstämmische Konkurrenz dürfte keineswegs angenehm empfunden werden. Wer als Arzt in Brasilien tätig sein will, muß für Brasilien approbiert sein, d. h. ein mündliches und schriftliches Examen in portugiesischer Sprache vor einer der im Lande bestehenden medizinischen Fakultäten ablegen; sonst läuft er Gefahr, daß ihm eine weitere Tätigkeit behördlicherseits verboten wird.[1] Nicht ungünstige Existenzmöglichkeiten bietet dem deutschen Mediziner die Ausübung einer Praxis in einer der vom Verkehr abgelegenen deutschen Ansiedelungen Südbrasiliens. Ein Arzt, der sich dort niederläßt, muß sich aber wie die dortigen Kolonisten mit den primitivsten Verhältnissen abfinden können; das dortige anspruchslose Leben verlangt auch von ihm eine große Entsagungs- und Entbehrungsfähigkeit. Er muß praktisch veranlagt, in allen Zweigen seines Berufs, besonders in Chirurgie und Geburtshilfe, genügend vorgebildet sowie körperlich rüstig, tatkräftig und auch gut zu Pferde sein, da gute Fahrwege meist nicht vorhanden sind und sich die einzelnen Ortschaften oft auf zwei bis drei Reitstunden hinziehen. Ärzte, die verheiratet sind und nach Brasilien auswandern wollen, reisen zweckmäßig zunächst allein und lassen später ihre Familie nachkommen.[2]

[1] Im Staate Rio Grande do Sul ist die Ausübung der ärztlichen Praxis frei, da dort für alle Berufe Gewerbefreiheit herrscht. In Rio de Janeiro oder Bahia abgelegte Prüfungen berechtigen zur Niederlassung in ganz Brasilien; Prüfungen in São Paulo berechtigen nur zur Praxis im Staate São Paulo.
[2] Zur Auskunftserteilung über die Aussichten deutscher Mediziner in Brasilien hat sich in liebenswürdiger Weise Herr Dr. Walther Seng, österreichisch-ung. und deutscher Konsulatsarzt, São Paulo, Rua

Für Zahnärzte und Apotheker sind die Aussichten etwas besser. Erstere haben allerdings mit einer starken nordamerikanischen Konkurrenz zu rechnen. Deutsche Pharmazeuten werden gerne als Gehilfen genommen; auch können sie später nach gründlichster Erlernung der Landessprache Provisoren und selbständige Besitzer werden, wozu ein durch Ablegung eines Examens vor einer der zuständigen Fakultäten zu erwerbendes Diplom erforderlich ist. In Südbrasilien nimmt man Apotheker gern zur Raterteilung, ersten Hilfeleistung bei Unglücksfällen, kleineren Operationen usf. in Anspruch, so daß einem auswandernden deutschen Apotheker medizinische und chirurgische Kenntnisse sehr zustatten kommen.

Ingenieure, die in Brasilien ihr Fortkommen suchen, müssen außer beruflicher Tüchtigkeit — gerade für sie ist neben der einheimischen die sonstige europäische wie nordamerikanische Konkurrenz wohl am größten — in erster Linie gute Kenntnisse der portugiesischen Sprache sowie der wirtschaftlichen und sonstigen Verhältnisse Brasiliens besitzen. Sonst müssen sie sich zunächst für den Anfang mit einer untergeordneteren Stelle begnügen und hierbei die Landessprache gründlichst erlernen, um dann im Laufe der Zeit auf Grund guter Leistungen in eine gehobenere Stellung aufrücken zu können. Brasilien braucht in der Tat tüchtige Minen-, Bau- und Eisenbahningenieure, so daß sich diesem Berufe günstige Erwerbsmöglichkeiten bieten dürften. Ein nicht zu unbeträchtliches Kapital, das eine Beteiligung an irgendeinem industriellen Unternehmen ermöglicht, wird aber auch dem Ingenieur das Fortkommen in Brasilien nicht unwesentlich erleichtern.

Über die Aussichten, die sich in Brasilien dem deutschen Volksschullehrer unter den heutigen Verhältnissen bieten, läßt sich vorläufig noch nichts Bestimmtes sagen, da die ganze deutsche Schulfrage in Brasilien noch nicht geklärt ist. Mit einer staatlichen Anstellungsmöglichkeit darf jedenfalls nicht gerechnet werden; es käme höchstens eine Tätigkeit an einer deutschen Privatschule in Betracht, die dann in der Regel mit einem mehr oder weniger mikroskopischen Gehalt entlohnt zu werden pflegt, da die Kolonisten bei allem guten Willen manchmal kaum die Geldmittel auftreiben können, um die Notlehrer, die sogenannten „Gelegenheitspädagogen", irgendwelche in anderen Berufen gescheiterte Existenzen, wie man sie häufig in südbrasilianischen „Urwaldspikadenschulen" antreffen kann, zu besolden. Stellun-

Barão de Jtapetininga, Nr. 23, bereit erklärt. Außerdem hat der „Deutsche Wirtschaftsverband für Süd- und Mittelamerika", Berlin W 15, Kurfürstendamm 220, eine besondere Auskunftsstelle für auswanderungswillige Ärzte eingerichtet, die kostenlos sachgemäße Auskunft erteilt.

gen für akademisch gebildete Lehrer wurden vor dem Kriege
durch das Auswärtige Amt. den Verein für das Deutschtum im
Ausland. Berlin. die Evangelische Gesellschaft für die protestantischen Deutschen in Südamerika. Elberfeld. den Caritas-Verband
für das katholische Deutschland (Freiburg i. Br.) u. a. m. nachgewiesen.

Ehemaligen deutschen Offizieren, die sich mit dem Gedanken
tragen, mit ihrem früheren militärischen Rang in irgendeine
Kommando- oder Verwaltungsstelle des brasilianischen Heeres
einzurücken, muß ausdrücklich gesagt werden, daß hierfür keinerlei
Möglichkeit besteht. Sie könnten drüben ihr Auskommen nur
als Kolonisten finden. Ein Zusammenschluß mehrerer in gleicher
Lage Befindlicher zwecks Gründung einer gemeinschaftlichen Siedelung oder eines kleineren Industrieunternehmens dürfte ihr Fortkommen wesentlich erleichtern.

Und wie steht es um die Aussichten des deutschen Künstlers
in Brasilien? Bevor nicht auf diesem Gebiete, so wie es Frankreich machte, durch großzügige Propaganda, durch Vorträge, Theater, Musikfeste, Kunstausstellungen und ähnliches der Boden gehörig vorbereitet ist, wird wohl kein deutscher Künstler an eine
dortige Betätigung denken können. Dem Schauspieler und
Sänger steht die veränderte Landessprache hemmend im Wege,
der Musiker wird allenthalben der italienischen Konkurrenz be-
gegnen, und der Maler, Bildhauer und Graphiker wird mit
mangelndem Kunstverständnis zu rechnen haben, namentlich
wenn er modernen, ungewöhnliche Geschmacksverfeinerung vor-
aussetzenden Richtungen angehört. Gelingt es ihm aber, sich
den dortigen Bedürfnissen anzupassen, so wird er vielleicht allmählich eine finanziell befriedigende Position erringen können.[1]

Rein kaufmännischen Angestellten ist eine Übersiedelung
nach Brasilien ohne vorherige feste Anstellung dringend abzuraten, da für sie die Verhältnisse seit dem Krieg recht ungünstig
liegen. Außer einer gründlichen auslandskundlichen Schulung wie
Fachkenntnissen sind neben der Beherrschung des Portugiesischen
gute Vorkenntnisse der englischen, französischen und spanischen
Sprache unerläßliche Grundbedingung für jeden, der als kauf-
männischer Angestellter nach drüben gehen und eine gehobene
Stellung einnehmen will; denn neben der fremdländischen wird
mit einer starken einheimischen Konkurrenz der Deutschbrasi-
lianer, die dem Einwanderer den unschätzbaren Vorsprung gründlichster Landeserfahrung und Sprachkenntnisse voraushaben, zu
rechnen sein.

Wenn wir zusammenfassend noch ein paar Punkte hervorheben
dürfen, die zum eisernen Bestand eines jeden Auswanderers

[1] Vgl. Großmann, R., Welche Möglichkeiten bietet Argentinien
dem gebildeten deutschen Auswanderer?; „Der Auslandsdeutsche".
Stuttgart, Jahrg. III, Nr. 2.

— wir haben dabei in erster Linie diejenigen im Auge, die sich
nicht als Kolonisten auf irgendeiner Bundes-, Staats- oder privaten Kolonie ansiedeln, sondern in ihrem Berufe eine Existenz
in Brasilien gründen wollen — gehören, so sind es diese:

I. Gründliche Vorkenntnisse über die portugiesische
Landessprache aber auch die wirtschaftlichen, rechtlichen und sonstigen Verhältnisse Brasiliens.

Zur Erlernung der portugiesischen Sprache, die nur durch ge-
ordneten Unterricht mit Hilfe eines Lehrers möglich ist, werden
folgende Hilfsmittel zur Anschaffung empfohlen:

A) Für einfachere Zwecke (kurzfristiges Studium):
Kordgien, Kleine portugiesische Sprachlehre, Heidelberg, Verlag
    Groos.
Eilers, Corrêa und Mello, O Brazileiro. Lehr- und Lesebuch der
    portugiesischen Sprache, mit besonderer Berücksichtigung Bra-
    siliens. Heidelberg, 1915.
Kordgien und Michaelis de Vasconcellos, Portugiesischer
    Sprachführer. Konversationswörterbuch mit Berücksichtigung
    des Brasilischen. Leipzig und Wien.
De Carvalle, O Pequeno Portuguez. Freiburg, 1909.
Ey, Taschenwörterbuch der portugiesischen und deutschen Sprache.
    2 Bde. Berlin-Schöneberg.
—, Der portugiesische Korrespondent. Stuttgart, o. J.

B) Für eingehenderes Studium außerdem:
Ey, Neue portugiesische Konversationsgrammatik. Heidelberg, 1910.
Gonçalvez Viana, Portugais. Leipzig, 1903. (Skizzen lebender
    Sprachen.)
Michaelis, Neues Wörterbuch der portugiesischen und deutschen
    Sprache. 2 Bde. 11. Aufl. Leipzig 1914.
Candido de Figueiredo, Novo diccionario da lingua portugueza.
    2 Bde. Lisboa, 1913.
Für Lernende mit lateinischen Vorkenntnissen und sprachwissen-
schaftlichem Interesse:
Reinhardstoettner, Grammatik der portugiesischen Sprache auf
    Grundlage des Lateinischen und der romanischen Sprachver-
    gleichung. Straßburg. 1878.
Cornu, Die portugiesische Sprache. In: Gröber, Grundriß der ro-
    manischen Philologie I, 916—1037. 2. Aufl. Straßburg 1906.
    (Auch als Separatabdruck erschienen.)

Lernenden, die mit den Anfangsgründen der Grammatik und des
Wortschatzes einigermaßen vertraut sind, wird empfohlen, sich mit
der täglichen häuslichen Lektüre eines leichten Schriftstellers
oder einer Zeitung zu befassen und hierbei zur Befestigung ihrer
Wortkenntnis fleißig das Wörterbuch heranzuziehen.

Ausgaben portugiesischer Schriftsteller sind in Bibliotheken oder
auf Bestellung bei Sortimentsbuchhandlungen erhältlich.

Die unmittelbarsten Ziele, die bei der Erlernung des Portugiesischen für die Zwecke eines Aufenthaltes in portugiesisch sprechenden
Ländern im Auge zu behalten empfohlen wird, sind:

1. Aneignung und Bewahrung einer korrekten und verständlichen Aussprache,
2. Vertrautheit mit den Haupttatsachen der Grammatik,
3. Möglichst weitgehende Wortkenntnis, insbesondere mit Bezug auf das praktische Leben,
4. Aneignung der Fähigkeit, Angelegenheiten des praktischen Lebens, insbesondere des Berufes, in portugiesischer Sprache mündlich auszudrücken,
5. Aneignung der Fähigkeit, schnellgesprochenes Portugiesisch zu verstehen,
6. Aneignung der Fähigkeit, leichte portugiesische Schriftsätze, insbesondere Zeitungen und Briefe, ohne Heranziehung des Wörterbuchs, fließend zu verstehen.

II. Unerschütterlichster Arbeitswille, der sich bewußt ist, daß in Übersee nicht nur rücksichtsloser gearbeitet wird als hier, sondern daß sich dort auch noch andere Völker unter weit günstigeren Bedingungen als wir im Daseinskampfe als Konkurrenten hinzugesellen.

III. Zuvorkommendes und verträgliches Wesen den Einheimischen gegenüber Der Ankömmling darf niemals vergessen, daß er in ein Land kommt, dessen Gastfreundschaft er für sein Fortkommen in Anspruch nehmen will und daß er dort nur dann gern gesehen ist, wenn er sich ohne Hervorkehren von Besserwissen und die häufig beobachtete Neigung, die Einheimischen gegen ihren Willen belehren zu wollen, den Sitten und Gebräuchen des Landes anzupassen versteht, ohne daß er deshalb die Eigenart seines Wesens zu verleugnen braucht. Eine anmaßende, abfällige Bemerkung, eine geringschätzende Kritik an mancherlei Einrichtungen und Verhältnissen dieses noch in der Entwicklung begriffenen Landes dürfte manche Unannehmlichkeiten einbringen.   Vor allem aber sollte sich jeder Einwanderer in Brasilien, der seiner persönlichen Ruhe sicher sein will, hüten, sich in fremde Politik und fremde Liebesverhältnisse einzumischen.

IV. Ein genügendes Barvermögen, um im Notfalle mindestens ein paar Monate ohne Beschäftigung existieren zu können, wobei jedoch im Auge zu behalten ist, daß nach dem Kursstande von Ende März 1920 der Papiermilreis ungefähr 20.—Mk. wertete und die volle Pension (Zimmer einschließlich Verpflegung) in der Hauptstadt Rio wie den weiteren größeren Städten des Landes mit etwa 300 Milreis Papier monatlich zu veranschlagen ist und für die Überfahrt etwa 3500—8000 Mk. (im Zwischendeck!) je Person zu rechnen sind.

*

Einige Angaben über die Kosten der Lebenshaltung, soweit wir diese nach den uns vorliegenden Berichten für die neueste Zeit geben können, sowie einige praktische Ratschläge mögen unsere Ausführungen beschließen.

Obwohl Brasilien direkt in verhältnismäßig unbedeutendem Maße am Kriege beteiligt war, ist jedoch auch für dieses Land dieselbe Erscheinung der allgemeinen Lebensmittelteuerung wie für alle kriegführenden Länder und Neutrale zu verzeichnen. Unter Zugrundelegung der Preise in der Hauptstadt Rio der für den Lebensunterhalt notwendigen Artikel kann ein durchschnittliches Anziehen von rund 100% zwischen den Jahren 1914 und 1918 festgestellt werder

Lebensmittelpreise in Rio in den Jahren 1914 und 1918.[1]

Artikel:	Normalpreis im Juli 1914 Milreis Papier	Preise im August 1918 niedrigste Milreis Papier	höchste Milreis Papier
Reis.................	$ 680	$ 880	1 $ 200
Zucker	$ 420	1 $ 010	1 $ 200
Speiseöl	3 $ 000	10 $ 000	14 $ 000
Stockfisch	1 $ 200	2 $ 500	3 $ 000
Schmalz	2 $ 700	3 $ 600	4 $ 600
Kartoffeln	$ 500	—	0 $ 600
Trockenfleisch	1 $ 400	2 $ 200	2 $ 600
Schweinefleisch	1 $ 700	—	2 $ 000
Zwiebeln............	1 $ 300	1 $ 800	3 $ 500
Knoblauch	$ 700	—	1 $ 200
Mandiokamehl, fein ...	$ 140	$ 600	$ 800
Mandiokamehl, grob ...	$ 180	$ 400	$ 600
Weizenmehl	$ 480	$ 600	1 $ 000
Bohnen, schwarze	$ 400	—	$ 600
Bohnen, weiße	$ 660	—	$ 900
Reismehl	$ 700	$ 800	1 $ 400
Maismehl	$ 500	—	$ 600
Kerosen: Flasche	$ 270	$ 800	1 $ 100
Kerosen: Kanne	4 $ 500	20 $ 500	25 $ 000
Condensierte Milch	$ 800	1 $ 600	1 $ 700
Linsen...............	1 $ 200	—	1 $ 500
Zunge	1 $ 400	1 $ 600	2 $ 100
Butter..............	3 $ 500	4 $ 200	5 $ 200
Nährmittel	$ 700	1 $ 160	1 $ 400
Mais	$ 180	$ 240	$ 600
Stärke..............	$ 540	1 $ 200	1 $ 400
Seife	$ 800	1 $ 500	2 $ 000
Salz, fein, ausländisch..	$ 340	$ 450	$ 600
Salz, fein, einheimisch..	$ 240	$ 330	$ 500
Salz, grob	$ 200	—	$ 300
Tapioka	1 $ 000	1 $ 100	2 $ 400
Essig: ausländisch.	$ 800	—	1 $ 700
Essig: einheimisch.	$ 240	—	$ 300

[1] Die folgende Tabelle stützt sich auf amtliche Angaben des brasilianischen Lebensmittelkommissariats, das während des Krieges

Wenn sich auch auf dem Lande und in den kleineren Städten die Preise entsprechend niedriger stellen, so weichen sie doch heutigentags von den in Friedenszeiten gültigen nicht unbedeutend ab. Kleidung, Schuhwerk usf. waren allerdings von jeher durchweg teuer, so daß den Auswanderern zu empfehlen ist, alle ihre Kleidungsstücke, alte wie neue, mitzunehmen. Ebenso kann die Mitnahme von Messern, Gabeln, Löffeln, Bett- und Tischleinen, Küchengeräten, leichtem Handwerkszeug, Nähmaschinen und kleineren Haushaltungsgegenständen empfohlen werden. Von der Mitnahme von Möbeln ist dagegen abzuraten.

Über die zurzeit bestehenden Reisemöglichkeiten nach Brasilien geben die Reedereien, insbesondere die Hamburg-Amerika-Linie, bereitwilligst Auskunft. Der Weg über Holland-Spanien oder Italien ist vorläufig noch der gewöhnliche. Anfang März 1920 wurden folgende Überfahrtspreise bezahlt: Amsterdam—Rio: (Holländischer Lloyd) 1. Klasse 935 hfl, 2. Klasse 539 hfl, Mittelklasse 429 hfl, Zwischendeck 228 hfl; Genua—Rio: 510 Papierlire (3. Klasse-Zwischendeck ohne Kammereinteilung); Triest—Rio: 610 Papierlire (Zwischendeck). Neuerdings hat auch der „Lloyd Brazileiro" eine direkte Verbindung Deutschland-Brasilien eingerichtet. Die Passage Hamburg-Rio de Janeiro kostet; I. Kl. £ 100, II. Kl. £ 54, III. Kl. £ 15 (zahlbar in Scheck auf London oder Noten der Bank of England, kein deutsches Geld).

Nach den für die Auswanderung zurzeit geltenden deutschen Paßbestimmungen (Verordnung vom 10. Juni 1919) ist jedermann, der das Reichsgebiet verläßt oder der aus dem Auslande in das Reichsgebiet eintritt, verpflichtet, sich durch einen Paß über seine Person auszuweisen, der auf Antrag von der zuständigen Polizeibehörde nach Beibringung der notwendigen Ausweispapiere ausgestellt wird. Insbesondere ist eine „Unbedenklichkeitserklärung" der in Betracht kommenden Steuerbehörde erforderlich. Es liegt daher im Interesse jedes Auswanderers, sich vorher mit den Gesetzen gegen die Steuer- und Kapitalflucht vertraut zu machen.

(Juni 1918) zur Regelung der Preise und der Lebensmittelverteilung ins Leben gerufen wurde. Die in der Tabelle angegebenen Preise verstehen sich je kg der betreffenden Artikel.

Die neuesten uns vorliegenden Daten über die Lebensmittelpreise in Rio im Dezember 1919, aus denen wir folgende herausgreifen: Speiseöl 6 $ 000 — 8 $ 000 je kg, Stockfisch 1 $ 800 — 2 $ 500, Kartoffeln $ 320 — $ 420, Mandiokamehl $ 280 — $ 380, Weizenmehl $ 640 — $ 740, Bohnen $ 280 — $ 540, Maismehl $ 340 — $ 620 je kg, Kerosen $ 480 (Flasche), 11 $ 000 (Kanne), deuten auf eine wesentliche Senkung der Preise im genannten Jahre gegenüber dem Vorjahre hin.

Für die Einreiseerlaubnis nach Brasilien ist das Visum des brasilianischen Konsulats im Verschiffungshafen einzuholen. Spanien verlangt für die Durchreise oder den vorübergehenden Aufenthalt das Visum des Einwanderungslandes sowie dasjenige der spanischen Gesandtschaft oder eines spanischen Konsulats in Deutschland. Desgleichen verlangen die Schweiz und Italien Durchreisevisa. Für die Durchreise durch Holland ist außer den von Spanien verlangten Visa ein ausführlicher Fragebogen auszustellen, der auf dem holländischen Konsulat erhältlich ist, wo auch alle sonstigen von Holland vorgeschriebenen Formalitäten zu erfahren sind.

Die neuesten, jeweils gültigen Aus-, Durch- und Einreisebestimmungen sowie die Vorschriften über die Verbringung von Geld und Zahlungsmitteln nach dem Ausland sind am sichersten von dem Reichswanderungsamt (Berlin W, Wilhelmstraße 71) zu erfahren, das sich mit seinen Zweigstellen über das ganze Reich erstreckt und zu dessen Aufgaben neben der sachgemäßen Beratung der Auswanderungslustigen auch der Hinweis zur richtigen Beschaffung der zur Auswanderung notwendigen Ausweispapiere zählt.

Wirksam ergänzt wird die verantwortungsvolle Aufklärungsarbeit dieser amtlichen Stelle durch die Hilfsarbeit von bedeutsamen privaten Körperschaften,[1] denen aus völkischem, wirtschaftlichem, kulturellem oder rein kirchlichem Interesse das Schicksal der auswandernden Volksgenossen am Herzen liegt und die sich zu einer „Arbeitsgemeinschaft für deutsches Wanderungswesen", (Vorort: Vereinigung für deutsche Siedlung und Wanderung, Berlin W, Am Karlsbad 29) unter Förderung durch das Reichswanderungsamt zusammengeschlossen haben.

Auf alle diese aufklärenden und beratenden Organisationen muß um so mehr hingewiesen werden, als nur sie durch ihre weitverzweigten Beziehungen in aller Welt wirklich in der Lage sind, einwandfreie und uneigennützige Auskünfte zu erteilen und die Öffentlichkeit vor unreellen Privatunternehmungen zu warnen. Kein Auswanderer sollte sich daher irgendeiner Siedlungsgesellschaft oder Auswanderervereinigung anschließen, die ihm nicht vorher von maßgebender Stelle als einwandfrei bezeichnet wurde. Vor jenem unverantwortlichen Treiben eines gewissenlosen Unternehmertums, das aus reinem Geschäftsinteresse heraus in Zeitungen und Broschüren für das eine oder andere als Auswanderungsziel in Betracht kommende Land in durchaus unzutreffender Weise, manchmal unter völliger Verdrehung der tatsächlich bestehenden Verhältnisse, Reklame zu machen sucht und, unter Ausnutzung der Unkenntnis der Auswanderungslustigen, kein

---

[1] siehe Seite 132.

9 Bieler, Brasilien

anderes Ziel als deren Ausbeutung im Auge hat, soll hier nachdrücklich gewarnt werden.

Nur eine methodische Vorbereitung der Auswanderung, Kenntnis der Landessprache, der wirtschaftlichen, rechtlichen, und sonstigen Verhältnisse Brasiliens, können den Auswanderer vor späterer, bitterer Not schützen. Nicht dringend genug muß auch jedem, der auswandern will, die Aneignung einer gewissen Fertigkeit in den verschiedenen Handwerken empfohlen werden. Gänzlich unvorbereitet auf gut Glück hinauszugehen, wäre unverzeihlicher Leichtsinn.[1]

Drüben angekommen wird sich jeder deutsche Auswanderer zweckmäßig an die bereits dort ansässigen Volksgenossen anschließen und sich von ihnen Rat holen. Hüten muß er sich aber vor jenen „guten Freunden", die sich gern an den Neuankömmling mit unlauteren Absichten herandrängeln und ihm ihre „uneigennützigen Dienste" anbieten!

Das in der Hauptstadt Rio de Janeiro (Avenida Rio Branco, Nr. 23) errichtete amtliche brasilianische Einwanderungsbüro (Intendencia de Immigração) erteilt alle erforderlichen Auskünfte und besorgt auch für diejenigen Einwanderer, die sich auf eigene Rechnung an irgendeinen Ort des Landes begeben wollen, Schiffspassagen und Eisenbahnfahrkarten. Denjenigen Einwanderern, die keinen besonderen Bestimmungsort angeben, werden, soweit Angebote von Arbeitgebern vorliegen, in öffentlichen oder privaten Unternehmungen Stellungen nachgewiesen. Außerdem hat der „Deutsche Hilfsverein" der „Deutschen Kolonie" in Rio eine Einwanderer-Beratungsstelle (Rua Theophilo Ottoni, 95, Erdgeschoß, Tel. Norte 5063) eingerichtet, die sich der in Rio ankommenden deutschen wie deutsch-österreichischen Auswanderer in gemeinnütziger Weise annimmt und alle erforderlichen Auskünfte erteilt, jedoch von einer etwaigen geldlichen Unterstützung der Einwanderer absieht. Billiges Unterkommen findet der deutsche Einwanderer in Rio, der die freie Unterkunft auf der Blumeninsel nicht in Anspruch nehmen will, im „Deutschen Heim" (Rua Januario, 148), im „Deutschen Frauenheim" (Rua Barão de Petropolis, 120, Tel. Villa 449) oder im „Österreichischen Asyl" (Rua das Prazeres, 282). Weitere Beratungsstellen des „Deutschen Hilfsvereins" wurden in São Paulo (Rua da Quitanda, Nr. 4), Curityba, Blumenau und Porto Alegre eingerichtet. In São Paulo wurde ferner von dem „Verbande deutsch-brasilianischer Firmen" in dem von seiten des katholischen Vereins „Die Familie" zur Verfügung

---

[1] Näheres siehe Sapper, K., Natur- und Lebensbedingungen in den tropischen und tropennahen Gebieten. Hamburg 1920 (L. Friederichsen & Co.).

gestellten Lokal: Praça João Mendes, Nr. 5, eine Auskunfts- und Beratungsstelle für deutsche Einwanderer und Stellungsuchende eingerichtet; desgleichen eröffnete der Verband in São Paulo, Rua Bôa Vista, Nr 4, eine Geschäftsstelle mit einer Stellenvermittlungsabteilung für deutsche Handelsangestellte. Die amtliche brasilianische „Inspectoria de Immigração" in Santos befindet sich gegenüber dem Kai-Armazem Nr. 3.

Anhang.

1. Unentgeltliche Beförderung von Auswanderern.

(Rundschreiben Nr. 196 des Reichswanderungsamtes vom 25. 3. 1920).

Hinsichtlich der kostenlosen Beförderung von Auswanderern von Rotterdam nach Brasilien wird auf Grund neuer Nachrichten aus Holland mitgeteilt, daß die brasilianischen Behörden offenbar dahintergekommen sind, daß sich unter den bisherigen von Rotterdam abgegangenen Transporten auch Auswanderer aus nicht landwirtschaftlichen Berufen befunden haben, und daß weiterhin eine große Anzahl der übrigen Auswanderungswilligen, die sich auf das Angebot der brasilianischen Regierung hin gemeldet haben, ebenfalls Nichtlandwirte oder -landwirtschaftliche Arbeiter sind. Der brasilianische Ackerbauminister hat nämlich die brasilianischen Auslandsvertreter erneut auf die Bestimmung hingewiesen, wonach die auf Kosten der brasilianischen Regierung zu befördernden Auswanderer mit landwirtschaftlichen Arbeiten vollkommen vertraut sein und hierüber einen glaubwürdigen Nachweis beibringen müssen. Andere Auswanderer haben keine Aussicht, an den Überfahrtsbedingungen der brasilianischen Regierung teilzunehmen und müssen zurückgewiesen werden.

Ferner wird gemeldet, daß der für die Auswanderungsbeförderung der brasilianischen Regierung zur Verfügung stehende Schiffsraum bis gegen Ende dieses Jahres bereits voll belegt ist, so daß weitere, selbst landwirtschaftliche Auswanderungswillige vorderhand keine Aussicht auf kostenlose Beförderung nach Brasilien haben.

9*

2. Auskunftsstellen in Deutschland.

(Die mit * bezeichneten Stellen sind Zweigstellen des Reichswanderungsamtes beziehungsweise vom Reichswanderungsamt anerkannte gemeinnützige öffentliche Auskunftsstellen.)

(Abkürzungen: F = Fernsprecher; TA = Telegrammadresse; A = Auskunfterteilung.)

Altona: Seemanns-Mission, Adolfstraße 145.
Augsburg: *Sekretariat des Caritas-Verbandes, Jesuitengasse F 412.
Bamberg: *Sekretariat des Caritas-Verbandes, Karolinenstraße 10.
Berlin: *Reichsamt für deutsche Einwanderung, Rückwanderung und Auswanderung (Reichswanderungsamt), Berlin W. 8, Wilhelmstraße 71. F: Zentrum 10150/51, 7582, 8660; TA: Reichswanderung Berlin. Zuständig für die Regelung der Rückwanderung und Auswanderung von Reichsdeutschen und deutschstämmigen Ausländern, ferner für die Einwanderung Reichsdeutscher sowie deutschstämmiger und deutschsprachlicher Ausländer. Allgemeine Fürsorge für die aus dem Auslande dauernd oder vorübergehend ins Mutterland heimkehrenden Deutschen, früheren Deutschen und von deutschen Eltern abstammenden oder zur deutschen Kulturgemeinschaft gehörenden Ausländer.
*Evangelische Fürsorgestelle für Auswanderer, Berlin NW 6, Charitéstraße 2; eingerichtet vom Zentralausschuß für die innere Mission der deutschen evangelischen Kirche in Verbindung mit dem Berliner Hauptverein für innere Mission, dem Brandenburgischen Provinzialausschuß für innere Mission und dem Komitee für Deutsch-Evangelische Seemanns-Mission. A: Speziell über evangelische Fürsorgeeinrichtungen und kirchliche Fragen.
*Sekretariat des Caritas-Verbandes und Raphaelsverein zum Schutze katholischer deutscher Auswanderer E. V., Berlin S 14, Inselstraße 13. F: Moritzplatz 8365.
Bromberg & Co., Berlin W 30, Nollendorfplatz 6, F: Kurfürst 6661/63, TA: Bromatom; Codes: A I, A. B. C., Liebers, Premier, Staudt & Hundius, Ribeiro, Western Union, Bauer, Heise, Economical; A: Über Brasilien und Argentinien. Niederlassungen in Südamerika: siehe B. & Co., Hamburg.
Centralverband für Handelsgeographie und Förderung deutscher Interessen im Auslande, Berlin S 14, Neukölln a. W. 10. F: Moritzplatz 8729, Auswanderer und Auslandsdeutsche können durch den Verein im Auslande Rat und Anschluß bekommen.
Deutsch-Brasilianischer Handelsverband E. V., Berlin W 15, Kurfürstendamm 220, F: Steinplatz 1434, TA: Debehavau; A: Über wirtschaftspolitische Verhältnisse Brasiliens.
Arbeitsgemeinschaft für Deutsches Wanderungswesen, Berlin W 35, Am Karlsbad 29 II. F: Lützow 8701; TA: Deutschsiedlung Berlin.
Deutscher Wirtschaftsverband für Süd- und Mittelamerika, Berlin W 15, Kurfürstendamm 220; F: Steinplatz 1435; TA: Dewefusum; Code: A. B. C. 5. Ed.; A: Über wirtschaftliche Verhältnisse Südamerikas.

Deutsch-nationaler Kolonialverein E. V., Berlin SW 11, Bernburgerstraße 24/25 III; F: Nollendorf 919; TA: Weltwort Berlin; Organ: Koloniale Zeitschrift.

Deutsch-Südamerikanische Gesellschaft E. V., Berlin W 35, Steglitzerstraße 66; A: Über Südamerika.

Frauenbund der deutschen Kolonialgesellschaft, Berlin W 35, Am Karlsbad 10; F: Kurfürst 6114; A: An Frauen, die vor dem Kriege nach Deutsch-Südwestafrika gesandt wurden. Unterstützung von Frauen und Kindern aus den deutschen Kolonien.

Hilfsverein der deutschen Juden und Zentralbüro für jüdische Auswanderungsangelegenheiten, Berlin, Steglitzerstraße 12; F: Lützow 6236; TA: Zedakah Berlin. Zweigstellen in Bremen und Hamburg. Schutzkomitees in zahlreichen Städten Deutschlands.

*Internationaler Christlicher Kellnerbund, Berlin NW 7, Albrechtstraße 17.

Verein für das Deutschtum im Auslande (Allgemeiner deutscher Schulverein E. V.), Berlin W 62, Kurfürstenstraße 105.

*Vereinigung für Deutsche Siedlung und Wanderung, Berlin W 35, Am Karlsbad 29 II; F: Lützow 8701.

Berlin-Dahlem: *Evangelischer Verband für die weibliche Jugend Deutschlands, Friedbergstraße 25—27. Deutsch-Evangelische Bahnhofsmission, Friedbergstraße 25.

Berneck (Oberfranken): *Landesverein für innere Mission in der Ev. Luth. Kirche Bayerns.

Bielefeld: *Zweigstelle des Reichswanderungsamts, Zastrowstraße 29. *Betheler Anstalten, Bethel bei Bielefeld.

Braunschweig: *Zweigstelle des Reichswanderungsamts, Hagenmarkt 12.

Bremen: *Zweigstelle des Reichswanderungsamts, Bahnhofstraße 30/31. *Evangelische Auswanderermission, Georgstraße 22. *Sekretariat des Caritas-Verbandes und Raphaelsverein zum Schutze deutscher katholischer Auswanderer E. V., Falkenstraße 49.

Bremer Verein für Auswandererberatung, Bremen, Haus Schütting; F: Roland 65 und 793.

Hilfsverein der deutschen Juden, Bremen, Düsternstraße 7.

Bremerhaven-Geestemünde: *Evangelische Seemannsmission.

Breslau: *Zweigstelle des Reichswanderungsamts, Kaiser-Wilhelm-Platz 20 (Oberbergamt, Erdgeschoß). *Sekretariat des Caritas-Verbandes, Breslau IX, An der Kreuzkirche 5. *Evangelische Zentralstelle, Altbüsserstraße 6/9 — Predigergasse 2.

Buer i. W.: *Sekretariat des Caritas-Verbandes, Brinkgartenstraße 11.

Charlottenburg: Zweckverband der technischen Körperschaften zum Schutze auswandernder Techniker, Charlottenburg, Fasanenstraße 13 II.

Coblenz: *Sekretariat des Caritas-Verbandes, Neustadt 20.

Cöln a. Rhein: *Sekretariat des Caritas-Verbandes, Steinfeldergasse 16. Deutsch-Südamerikanisches und Iberisches Institut E. V., Cöln, Claudiusstraße 1: F: A 6263; Code: A. B. C. 5. Ed.; Lieberts Telegraphenschlüssel 1910.

Danzig-Langfuhr: Seemanns- und Auswanderermission, Johannis-tal 22.
Dortmund: *Sekretariat des Caritas-Verbandes, Mühlenstraße 11 a.
Dresden: *Zweigstelle des Reichswanderungsamts, Dresden A 1, Friesengasse 6.
*Landesvcrein für innere Mission, Dresden-A., Ferdinandstr. 16.
Öffentliche Auskunftsstelle für Auswanderer, Dresden, Westend-straße 22.
Duisburg: *Zweigstelle des Reichswanderungsamts, Universitäts-straße 26.
Düren (Rhld.): *Sekretariat des Caritas Verbandes, Steinweg 6.
Düsseldorf: *Zweigstelle des Reichswanderungsamts, Düsseldorf, Friedrichplatz 2—4. *Sekretariat des Caritas-Verbandes, Neu-straße 16.
Elberfeld: *Zweigstelle des Reichswanderungsamts, Elberfeld, Kleine Klotzbahn 12. *Evangelische Gesellschaft für die protestantischen Deutschen in Südamerika, Elberfeld, Augustastraße 79.
Essen: *Zweigstelle des Reichswanderungsamts, Lordstraße., Ecke Schaderhofstraße. *Sekretariat des Caritas-Verbandes, Essen, Rottstraße 47. *Zweigfürsorgestelle, Lindenallee 5.
Frankfurt a. M.: *Zweigstelle des Reichswanderungsamts, Frankfurt, Kaiserstraße 79 II.
*Sekretariat des Caritas-Verbandes, Frankfurt, Alte Mainzer-gasse 45.
Freiburg i. B.: *Raphaelsverein zum Schutze katholischer deutscher Aus-wanderer E. V., Reichsverband für die katholischen Auslands-deutschen, Zentralstelle des Caritas-Verbandes für das katho-lische Deutschland, zugleich Zweigstelle des Reichswanderungs-amts, Belfortstraße 18/20; F: 341, 2930; TA: Raphaelsverein Freiburg-Breisgau.
Halle a. Saale: *Zweigstelle des Reichswanderungsamts beim städti-schen Arbeitsamt des Magistrats.
Hamburg: *Zweigstelle des Reichswanderungsamts, Hamburg, Holz-brücke 9, Katharinenhof. F: Vulkan 1510.
*Raphaelsverein zum Schutze katholischer deutscher Auswanderer, E. V., Sekretariat des Caritas-Verbandes, Hamburg, Große Reichenstraße 52. F: Elbe 6765.
*Evangelisch-lutherische Auswanderer-Mission zu Hamburg E. V., Hamburg 13, Behnstraße 14; F: Elbe 6112.
Behörde für das Auswandererwesen, Hamburg 14, Pickhuben 1; F: Elbe 3592.
Bromberg & Co., Hamburg 1, Alsterdamm 17; F: Alster 7, 8, 9 und 2390; TA: Alegre Hamburg; Codes: A I, A. B. C., Liebers, Premier, Staudt & Hundius, Ribeiro, Western Union, Bauer, Heise, Economical; A: Über Brasilien und Argentinien. Nieder-lassungen in Südamerika: Rio de Janeiro, São Paulo, Bahia, Porto Alegre, Rio Grande (Sul), Pelotas, Santa Maria, Passo Fundo, Cachoeira, Buenos Aires, Rosario de Sta. F.
Deutsch-nationaler Handlungsgehilfenverband, Gewerkschaft kauf-männischer Angestellter, Hamburg 36, Holstenwall 4; F: Hansa 489 und 490; TA: Deutschnational; A: An Handlungsgehilfen (für Mitglieder unentgeltlich); Nachweisung von Stellen im Aus-lande an Mitglieder.

Fürsorgeverein Fuhlsbüttel, Fuhlsbüttel b. Hamburg.

Hamburg-Amerika-Linie, Abteilung Personenverkehr, Hamburg, Alsterdamm 25; F: Nordsee 40/43; TA: Hapag; A: Über Beförderungsangelegenheiten; die überseeischen Geschäftsstellen nehmen sich der durch die Linie Beförderten nach Möglichkeit an.

Hamburger Auswandererhilfe E. V., Hamburg 11, Handelskammer (Börse) Zimmer 141; A: An Auswanderer und Auslandsdeutsche; Fürsorge für Auswanderer vor und während der Überfahrt sowie nach Ankunft im überseeischen Einwanderungshafen durch Beratung, kulturelle und werktätige Unterstützung.

Hamburgischer Verein zur internationalen Bekämpfung des Mädchenhandels E. V., Beim Strohhause 6; F: Alster 3416; TA: Stadtmission; Abholung einzelstehender weiblicher Personen vom Bahnhof oder Schiff und Fürsorge.

Hamburg-Südamerikanische Dampfschiffahrtsgesellschaft, Passageabteilung Hamburg; F: Elbe 3811—14; TA: Columbus; A: Nur über Reisemöglichkeiten mit den Dampfern der Gesellschaft.

Hilfsverein der deutschen Juden, Hamburg, Ferdinandstraße 14.

Institut für Schiffs- und Tropenkrankheiten, Hamburg 4, Bernhardstraße 74; F: Nordsee 3921—23; TA: Tropeninstitut; A: Über Gesundheitsverhältnisse im Auslande; ärztliche Untersuchung gegen Gebühr.

Hanseatische Kolonisationsgesellschaft m. b. H., Hamburg 8, Neue Gröningerstraße 19; F: Merkur 5471; T. A: Itapocu; A: Über Santa Catharina; Niederlassung: Kolonie Hansa, Sta. Catharina.

Vereinigung der Auslandsdeutschen im Kaufmännischen Verein von 1858, Hamburg, Büschstraße 4; F: Nordsee 4025—27; TA: Achtundfünfzig; A: Über alle den Handlungsgehilfenstand betreffenden Fragen; Geschäftsstellen: Über 2000 im In- und Auslande.

Hamm i. W.: *Sekretariat des Caritas-Verbandes, Oststraße 53/59.

Hannover: *Zweigstelle des Reichswanderungsamts, Mendelssohnstraße 30.

*Sekretariat des Caritas-Verbandes, Klemmenstr. 5.

Heidelberg: *Internationaler Verein der Freundinnen junger Mädchen, Deutscher Nationalverein, Werderstraße 72.

*Evangelischer Verein, Friedrichstraße 8 B.

Heldrungen (Thüringen): *Thüringer Konferenz für Innere Mission.

Hildesheim: *Sekretariat des Caritas-Verbandes, Vorderer Brühl 16.

Kaiserswerth a. Rh.: Rheinisch-Westfälischer Diakonissen-Verein.

*Kaiserswerther Anstalten, A: Über weibliche Auswandererberatung.

Karlsruhe i. B.: *Sekretariat des Caritas-Verbandes, Blumenstraße 3.

Kiel: *Zweigstelle des Reichswanderungsamtes, Gr. Kuhberg 26.

Königsberg i. Pr.: *Ostpreußischer Provinzialverein für Innere Mission, Ziegelstraße 7.

Konstanz: *Sekretariat des Caritas-Verbandes, Brückengasse 1.

Landshut i. Schl.: Pfarrer Rud. Kobbelt.

Langenberg (Rhld.): *Provinzialausschuß für innere Mission.

Leipzig: *Zweigsstelle des Reichswanderungsamts, Friedrich-Karlstraße 22. F: 51 255.

Institut für Auslandskunde und Auslandsdeutschtum der deutschen kulturpolitischen Gesellschaft; Leipzig-Gohlis, Friedrich-Karlstraße 22; F: 51 255; TA: Institut Auslandskunde.
*Verein für innere Mission, Roßstraße 14.
Magdeburg: *Zweigstelle des Reichswanderungsamts, Kaiserstraße 48.
Mainz: *Sekretariat des Caritas-Verbandes, Pfaffengasse 17.
Mannheim: *Sekretariat des Caritas-Verbandes, K 1, 16.
*Zweigfürsorgestelle des Evang. Hauptvereins (Hilfsstelle vom Rat der Auslandsdeutschen).
München: *Zweigstelle des Reichswanderungsamts, Salvatorstraße 19.
*Sekretariat des Caritas-Verbandes, Türkenstraße 98.
München-Gladbach: *Sekretariat des Caritas-Verbandes, Kirchplatz 8.
Myslowitz: Pastor Stohrer.
Nürnberg: *Zweigstelle des Reichswanderungsamts, Pfannenschmiedgasse 24 I.
*Sekretariat des Caritas-Verbandes, Luitpoldstraße 5.
Osnabrück: *Sekretariat des Caritas-Verbandes, Johannisfreiheit 7.
Paderborn: *Sekretariat des Caritas-Verbandes, General-Vikariat.
Plau i. M.: Evangelischer Hilfsbund für innere Mission, Pastor A. Wiegand.
Posen-O.: Provinzialverein für innere Mission, Lindenstraße 1.
Ratibor: Pastor Dr. Gülhoff.
Regensburg: *Sekretariat des Caritas-Verbandes, Kallmünzergasse, Erhardthaus.
Schildau (Bez. Halle): *Verband früherer und gegenwärtiger Auslandspfarrer.
Singen: *Zweigstelle des Reichswanderungsamts, Singen, Zentralhotel.
Stettin: *Zweigstelle des Reichswanderungsamts, Stettin, Kantstraße 10. *Evangelische Auswanderermission, Elisabethstraße 69.
Stuttgart: *Deutsches Ausland-Institut (Museum und Institut zur Kunde des Auslanddeutschtums und zur Förderung deutscher Interessen im Ausland), zugleich Zweigstelle des Reichswanderungsamts, Stuttgart, Neues Schloß, Nordflügel; F: 12 201, 12 203; TA: Auslandsinstitut.
*Sekretariat des Caritas-Verbandes, Weißenburgstraße 13.
Württembergischer Verein für Handelsgeographie und Förderung deutscher Interessen im Ausland E. V., (Museum für Länder- und Völkerkunde — Linden-Museum), Stuttgart, Hegelplatz; F: 9166; TA: Lindenmuseum; Code: A. B. C. 4. Ed.; A: An Auswanderer und Auslandsdeutsche. Auslandskundliche Vorträge.
*Evangelische Stadtmission, Ob. Bachstraße 39.
Trier: *Sekretariat des Caritas-Verbandes, Windstraße 17.
Tübingen: Deutsches Institut für ärztliche Mission. Untersuchungen auf Tropentauglichkeit gegen Gebühr.
Witten a. Ruhr: *Provinzialausschuß für innere Mission.
Wittenberg: *Frauenhilfe fürs Ausland E. V., Wittenberg (Bez. Halle), Katharinenstift; F: Wittenberg Nr. 466; TA: Katharinenstift Wittenbergbezhalle; A: An Auswanderer und Auslandsdeutsche.
Witzenhausen a. Werra. *Evangelischer Hauptverein für deutsche Ansiedler und Auswanderer E. V., Witzenhausen a. Werra, zugleich Zweigstelle des Reichswanderungsamts; F. Witzenhausen Nr. 2 Nebenanschluß; TA: Auswanderer.

3. Deutsche Vereine in Brasilien.

(nach dem Stand vom Jahre 1914).[1]

Staat Bahia. Bahia: Klub Germania. – Deutscher Hilfsverein. – – Deutscher Flottenverein (Verband deutscher Flottenvereine des Auslands). São Felix Cachoeira: Deutscher Kegelklub. – Deutscher Flottenverein (V. d. F. d. A.). **Staat Pernambuco.** Pernambuco (Recife): Deutscher Hilfsverein. – Deutscher Flottenverein (V. d. F. d. A.). **Staat Pará.** Belém do Pará: Deutscher Klub. – Deutscher Hilfsverein. **Staat Amazonas.** Manáos: Deutscher Klub. – Deutscher Schulverein. – Ruderklub. **Staat Espirito Santo.** Jequitiba: Deutscher Kirchenverein. Porto do Cachoeiro: Deutscher Kegelklub „Leopoldina". – Deutscher Kirchenverein. – Deutscher Schulverein. – Deutscher Flottenverein (V. d. F. d. A.). **Staat Rio de Janeiro.** Rio de Janeiro: Gesellschaft Germania. – Deutscher Hilfsverein. – Verein Deutsche Schule. – Deutsch-Evangelische Gemeinde. – Deutsch-Katholische Gemeinde. – Deutscher Frauenverein. – Deutscher Turnverein. – Deutscher Hospitalverein. – Deutscher Musikverein. – Deutscher Flottenverein (V. d. F. d. A.). – Männer-Gesangverein „Lyra". Petropolis: Deutscher Verein. – Verein Deutsche Schule. – Bruderbund. – Gesangverein Deutsche Liedertafel. – Sängerbund Eintracht. – Turnverein. **Staat Minas Geraes:** Theophilo Ottoni: Verein Concordia. **Staat São Paulo.** Santos: Gesellschaft Germania. – Verein Deutsche Schule. – Deutscher Schützenverein. – Deutscher Flottenverein. – Deutsches Seemannsheim. São Paulo: Gesellschaft Germania. – Deutscher Männergesangverein „Lyra". – Deutsche Turnerschaft von 1890. – Deutscher Turnverein. – Freie Schützenverbindung „Eintracht". – Verein Deutsche Schule. – Schulverein Moóca-Braz. – Deutscher Konsumverein. – Deutscher Vereinsbund. – Verein „Familie". – Deutscher Frauenverein „Frauenhilfe". – Deutscher Hilfsverein (Kaiser-Wilhelm-Stiftung). – Deutsch-Evangelische Gemeinde. – Deutsch-Katholische Gemeinde. – Verein Deutsches Krankenhaus. Campinas: Deutscher Verein „Concordia". – Deutscher Schul- und Leseverein. – Deutsche Turnergruppe. – Freier Deutscher Männerchor. – Deutsch-Evangelische Gemeinde. Friedberg: Deutscher Schul- und Hilfsverein. Pires de Limeira: Deutscher Schulverein Germania. – Geselliger Verein. Monte Mór: Verein Germania. Rio Claro: Verein Deutsche Schule. Santo Amaro: Deutscher Schulverein. São João da Boa Vista: Verein Germania. Villa Marianna: Deutscher Schulverein. **Staat Paraná.** Curityba: Deutscher Handwerker-Unterstützungsverein. – Deutscher Sängerbund. – Deutscher Schützenverein. – Deutscher Theaterklub. – Frauenverein „Elisabeth". – Radfahrer-

[1] Die nachstehende Übersicht erhebt keinen Anspruch auf Vollständigkeit.

klub. — Teuto-Brasilianischer Turnverein. — Verein „Frauenhilfe". — Verein „Thalia". — Deutscher Flottenverein (V. d. F. d. A.). Ponta Grossa: Verein Germania. Rio Negro: Deutscher Schulverein. União da Victoria: Deutscher Schulverein. Ipiranga: Deutscher Unterstützungsverein. Itaicy: Deutscher Schulverein. Lapa: Teuto-Brasilianischer Klub.
Staat Rio Grande do Sul. Porto Alegre: Deutscher Hilfsverein. — Gemeinnütziger Verein. — Gesellschaft Germania. — Deutscher Kriegerverein. — Musterreiterklub. — Radfahrerverein „Blitz". — Deutscher Schützenverein. — Deutscher Turnerbund. — Tennisklub Walhalla. — Verein Leopoldina. — Verein der Haberer. — Anti-Alkoholverein. — Krankenkassenverein. — Deutscher Männergesangverein. — Deutsches Männerquartett. — Gesangverein Waldesgrün. — Bürgerverein. — Schulverein Navegantes. — Ruderklub Porto Alegre. — Ruderverein Germania. — Verband Deutscher Vereine. — Verein Deutsche Schulspende. — Rio Grandenser Bauernverein. — Verein Deutsch-Evangelische Gemeinde. — Volksverein für Deutsche Katholiken in Rio Grande do Sul. — Evangelischer Lehrerverein. — Katholischer Lehrerverein. — Verein der Einzelmitglieder des Deutschen Flottenvereins. — Fußballklub. — Deutsch-Brasilianischer Volksbund. Rio Grande do Sul: Gesellschaft Germania. — Deutscher Schützenverein. — Deutscher Hilfsverein. — Verein Deutsche Schule. — Deutsch-Evangelische Gemeinde. — Deutscher Turnverein. Pelotas: Deutscher Klub „Concordia". — Deutscher Schützenverein. — Verein Deutsche Schule. — Deutsch-Evangelische Gemeinde. Arroio da Sena: Gesangverein „Bruderbund". — Lese- und Unterhaltungsverein. Azevedo Castro: Deutscher Verein. — Gesangverein „Eintracht". — — Kirchen- und Schulverein. — Kriegerverein. — Schützenverein. Bom Jardim: Sängerbund „Eintracht". — Schützenverein. Campo Bom: Schützenverein. — Fußballklub. Cachoeira: Deutscher Turnverein. — Deutscher Schützenverein. — Verein Deutsche Schule. Candelaria: Gesang- und Leseverein „Frohsinn". Erebango: (Bez. Passo Fundo): Deutscher Schulverein. Erechim (Bez. Passo Fundo): Deutscher Serra-Schulverein. Estancia Velha: Gesangverein „Einheit". Estrella: Turnverein. Forquetinha-Lageado: Gesangverein „Bruderbund". Guarany: Deutscher Schützenverein. Hamburgerberg: Gesangverein „Frohsinn". — Turnerbund. Maratá: Gesangverein Deutsches Lied. Nova Santa Cruz: Deutscher Schützenverein. Novo Hamburgo: Turnerbund. Neu-Württemberg: Deutscher Krankenverein. — Gesangverein Elsenau. Quevedos: Deutsch-Christlicher Schulverein. Rinção São Pedro: Deutscher Schützenverein. Sampoio: Gesang- und Leseverein „Frohsinn". Santa Cruz: Klub União. — Deutscher Schützenverein. — Deutscher Turnverein. — Deutscher Gesangverein. — Deutscher Tennisklub. Santa Maria: Deutscher Schulverein. — Deutscher Turnverein. São Leopoldo: Deutscher Schützenverein. — Deutscher Turnverein. — Gesellschaft „Orpheus". São Lourenço: Kolonieverein. São João de Montenegro: Deutscher Turnverein. São Sebastião do Cahy: Deutscher Turnverein. — Schützenverein. — Männerquartett. — Deutscher Schulverein. — Evangelischer Frauen- und Jungfrauenverein. — Volksverein. Serro Branco: Deutscher

Schützenverein. Taquary: Deutscher Asylverein. Vargem
Grande: Deutscher Schulverein.
Staat Santa Catharina. Blumenau: Deutscher Schulverein für
Santa Catharina. — Gesangverein Harmonia. — Geselliger Verein
Teutonia. — Landwirtschaftlicher Verein. — Verein „Gemütlichkeit".
— Deutscher Schützenverein. — Lehrerverein für Santa Catharina.
Desterro (Florianopolis): Deutscher Schulverein. — Klub Ger-
mania. — Schützenverein. — Turnverein. — Deutscher Frauen-
verein. — Deutscher Flottenverein (V. d. F. d. A.). Joinville:
Klub Germania. — Deutscher Turnerbund „Dona Francisca". —
Deutscher Turnverein. — Gesangverein Concordia. — Feuerwehr-
verein. — Sängerbund Lyra. — Musikverein. — Schützenverein
Joinville. — Deutscher Verband. — Geselligkeitsvereine: „Einigkeit"
— „Zur Gemütlichkeit" — „Bei guter Laune" — „Wir allein" —
„Unter uns". Hammonia: Schulverband Hansa. Itajahy:
Deutscher Schulverein. — Deutsche Schützengesellschaft. Indayal:
Deutscher Schützenverein. Tres Barras: Musikverein. Cres-
ciuma. Neu-Bremen. Neu-Spandau. Neu-Zürich. Pal-
hoça. Passo Manso. Passa Tres. Rafael (Bez. Hercilio).
São Bento. Sellin. Serra de Jaraguá. Taquares: Deutscher
Schulverein.

4. Ausländische Banken in Brasilien.

Außer dem „Banco do Brazil" bestehen in Brasilien zahlreiche
einheimische wie ausländische Banken, darunter Zweigniederlas-
sungen der größten europäischen wie nordamerikanischen Bank-
institute.
Deutschland ist vertreten durch:
1. die „Brasilianische Bank für Deutschland", Sitz in Rio
de Janeiro (Rua Quintanda, 109) mit Filialen in: São Paulo (Rua
15 de Novembro, 44), Santos (Rua 15 de Novembro, 31), Porto
Alegre (Praça da Alfandega) und Bahia (Rua das Princezas, 8),
2. „Banco Allemão Transatlantico" (Deutsche Überseeische
Bank), Sitz in Rio de Janeiro (Rua da Alfandega, 11) mit Filialen in
São Paulo (Rua Direita, 10a) und Santos (Rua 15 de Novembro, 5).
3. „Banco Germanico da America do Sul" (Deutsche Südamerikanische Bank) in Rio de Janeiro (Rua Candelaria 21).
Als weitere ausländische Banken, die in Brasilien arbeiten, seien
genannt:
Englische: „London and Brazilian Bank", „London and „River
Plate Bank", „The British Bank of South America", „The Royal
Bank of Canada"; italienisch-französische: „Banque Française
et Italienne pour l'Amérique du Sud", „Banque Brésilienne Italo-
Belge", „Banca Italiana di Sconto", „Banque Française du Brésil";
nordamerikanische: „The National City Bank", „The American
Mercantile Bank", „The American Foreign Banking Corporation";
portugiesische: „Banco Nacional Ultramarino", „Banco Portuguez"; holländische: „Hollandsche Bank voor Zuid-Amerika";
spanische: „Banco español del Rio de la Plata", sowie neuerdings
japanische: „Yokohama Specie Bank" und norwegische: „Banco
Escadinavo Brazileiro".

5. Wichtigste Literatur über Brasilien.

Aus dem umfangreichen deutschen wie fremdsprachlichen Quellen-
material über Brasilien, das dem Verfasser vorlag, seien hier einige
der wichtigsten neueren Werke genannt, deren Lektüre jedem Brasilien-
interessenten von Nutzen sein wird:

Dettmann, E., Das moderne Brasilien in seiner neuesten wirtschaft-
lichen Entwicklung. Berlin (Hermann Paetel Verlag) 1912.
Ihering, R. von, Landeskunde der Republik Brasilien. Berlin
und Leipzig (G. J. Göschen) 1908.
Schüler, H., Brasilien, ein Land der Zukunft. 4. Auflage, Stutt-
gart und Berlin (Deutsche Verlagsanstalt) 1919.
Sievers, W., Süd- und Mittelamerika. 3. Aufl. Leipzig und Wien
(Bibliographisches Institut) 1914.
Wagemann, E., Die deutschen Kolonisten im brasilianischen Staate
Espirito Santo. Schriften des Vereins für Sozialpolitik, 147. Bd,.
5. Teil. München und Leipzig. (Duncker & Humblot) 1915.

Außerdem wird jeder Auswanderer Rat und Belehrung schöpfen
können aus dem 14tägig erscheinenden „Nachrichtenblatt des
Reichamtes für deutsche Einwanderung, Rückwanderung und Auswanderung (Reichswanderungsamt)"
[Schriftleitung: Berlin W 8, Wilhelmstr. 71], das Behörden und im
behördlichen Auftrag arbeitenden Stellen kostenlos, sonstigen Emp-
fängern für Mk. 5.— vierteljährlich durch die Postanstalten oder
den Buchhandel zugestellt wird.

Sachregister.

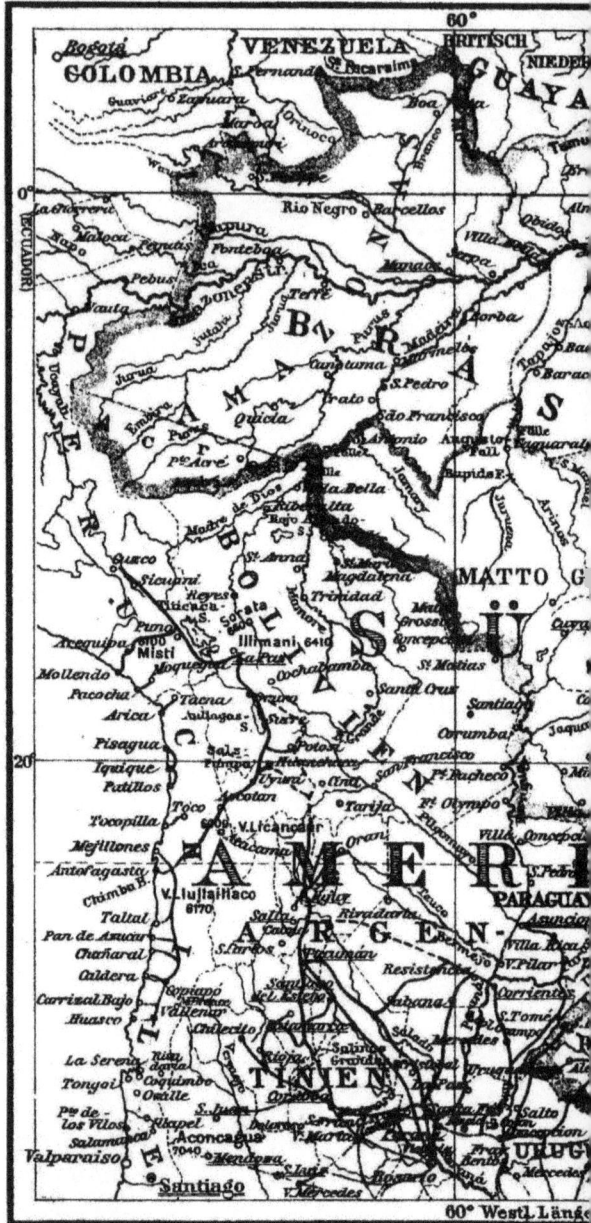

Aus „Weltkarte in Merkator's Projektion." Äquator

40°

FRANZ.
...A

Cayenne
Amapa
I. Maracá
Santa Rosa Bai
Macapá
L. Curiana
S. Fl.
Bragança
Zonereu
Pará
Belém
Viana
Chapadao
Caxias
Ararangape
Aracaty
Fortaleza (Ceará)
Rocas
K.S. Roque
RIO GRANDE
DO NORTE
Touros
Natal
PARAHYBA
Parahyba
Itahoca Foll
São João
do Araguaya
Se d. Grade
Carolina
PIAUHY
PERNAMBUCO
Recife
Therezina
Oeiras
S. Philomena
ALAGÔAS
Alagôas
St Maria Nova
R. d. Piauhy
Barra
Joazeiro
Aracaju
SERGIPE
Imperial
Espinhos
Palma
BAHIA
Bahia (S. Salvador)
Urubú
Todos os Santos B.
Fogtes
Carinhanha
João
Leopoldina
Grenopolis
Monte-Alto
Ilhéos
St Rita
Januaria
Belmonte
Morrinhos
Paracatú
Paraguaçu
Porto Seguro
S. Clara
Caravellas
Diamantina
ESPIRITO-
SANTO
MINAS GERAES
Linhares
Bello Horizonte
Victoria
R. Grande
Ouro Preto
Campos
Bebedours
SÃO PAULO
K. Frio
Rio de Janeiro
Nictheroy
PARANÁ
Santos
S. Sebastião
Iguapé
Paranagud
S. Francisco?
CATHARINA
Blumenau
Desterro
Minas
Laguna
GRANDE
Domingo das Torres
Porto Alegre
SUL
Patos Lagune
Rio Grande do Sul
Mirim Lagune

Osso
Grosso
Plateau v.
MATTO Grosso
Cuyaba
Ararape
St Anna
S. de Roncador
Tocantins
Araguaya

www.ingramcontent.com/pod-product-compliance
Lightning Source LLC
Chambersburg PA
CBHW031138270326
41929CB00011B/1673